心理学者が教える「超」勉強術

心理学者
内藤誼人

KKベストセラーズ

目次

心理学者が教える「超」勉強術

イラストレーション／長崎訓子
ブックデザイン／モリサキデザイン
図版制作／大倉弘嗣
DTP／ユーホー・クリエイト

はじめに

この本の効果にはけっこう自信がある。

なぜなら、私は基本的に〝頭が悪い人〟だからだ。

あまり恥ずかしいから言いたくはないが、中学二年生までの最高偏差値は四七だった。平均値以下である。

さらに、これも言いたくはないが、父は中卒だし、母は高校中退だ。姉は高校をなんとか卒業しているが、妹のほうは中卒である。とにかく私の家族は、みな勉強が大嫌いなのだ。私が勉強大好きな家庭で育ったわけではないことがわかるだろう。

私は、親に「勉強しろ」と言われたことがない。両親とも、自分がやらなかったことを息子に強制したくはなかったのだ。だから、私は塾などに通ったことがないし、通信教育も受けたことがない。学校以外は、まったくの独学である。

さて、そんな私が勉強術を教えるのが本書である。本書の特徴を二つ先に述べておこう。


まず、偏差値四七だったこの私が、誰にでもわかるように書いた勉強術の本であるということが第一の特徴だ。

世の中に勉強法の本の類いは数多いが、それらの本を書いている人というのは、いわゆる〝優等生〟だった人である。そんな彼らの本は、「基本的な部分はみんなわかっているはず」という前提で書かれていて、誰もが実行できるものというわけではない。

しかし、じつはその基本から話さないとわからない人のほうがずっと多いのを、〝頭が悪い人〟であった私は経験的に知っている。それこそ、「どうやったら机に三〇分も座っていられるのか?」という話から、本当はスタートしなければならないのだ。

そこで本書では、勉強をしようと思う「気持ち」や「モチベーション」といった観点からも勉強法を述べている。つまり、行動に移すための原動力＝「心」を勉強に向かわせるための方法も解説しているのだ。

そう、本書には心理学者である私のオリジナルな勉強法に加えて、心理学的な裏づけも随所に盛り込んである。これが第二の特徴である。

本書で紹介している方法は、私自身の体験に基づくものであり、現在もお世話になっている勉強法である。私自身が実践しているという意味では、自信をもってみなさんにお伝えできるものばかりである。

私は今でも、自分をほめたり、自分にごほうびをあげたり、とにかく自分を勉強に向かわせるための「あの手この手」を使っている。もともと飽きっぽい私は、このような工夫をしなければ勉強などできなかったのだ。

勉強するという行動を引き出すためには、原動力である「心」を動かしてやらなければならない。しかしまだ行動に移せないでいるとすれば、それは心のどこかに重しになっているモノがあるせいなのだ。
その重しのどけ方を教えるのが、本書である。

本書は、ある特定の科目や専門をマスターするといった内容の勉強術の本ではない。勉強などしたくはないが、それでもちょっとくらいは勉強しようと考えている、ごくごく普通の人に向けて書かれている。

そしてこれらのテクニックは、私が実践しているものとはいえ、単なる「体験談」を羅列しただけではない。科学的な研究に裏打ちされた客観性のあるデータも織り込んである。したがって、ほとんど誰にでもすぐに実行に移せるものであることを保証できる

どこから読んでもかまわない。興味をひかれたページを開けば、あなたにとって有益なヒントがきっと見つかるはずだ。

1

「今すぐできない！」

即座に行動に移す技術

すぐにやらなければいけないことがある。

それなのに、どうやろう、どうしようなどと、いろいろ考えてしまって、取りかかるまでに時間がかかってしまう……。

そんな人に速効性のある解決法がある。

それは、「行動を習慣化してしまう」という方法だ。

詳しく説明しよう。

人間は、習慣化した行動は、頭で何も考えなくてもスムーズにできるようになっている。

たとえば、歩くときには「右足を出そうかな、左足を出そうかな」と考える人はいない。日常的にやっていることだから、いちいち歩き方を判断しなくても即座に行動に移せるわけだ。

勉強もそうで、毎日のやり方を決めてしまえば、何も考えなくても机の前に座れるし、何をするかも明確になっているので、すぐに行動できる。

「やろうか、やるまいか」などと考えていては、どうせ「やらずにおこう」となるだけであることは、各種の研究データから明らかだ。

人間というものは、そういう二者択一になった場合は「やらない」を選択するものなのだ。

したがって、**まずは考えることをやめてしまうべきなのだ。**

私は大学時代に、一日に一冊の本を読む、というルールを決めた。だからお酒をしこたま飲んで、どんなに酔っ払おうと、朝帰りであろうと、帰宅したら必ず本を読んだ。本を読むことが習慣化されていたので、余計なことを考えることなく机に向かうことができたのである。

今でもそうだ。帰宅すれば必ず机の前に座るし、内容が頭の中に入ってこなくても本を読む。

これが習慣化である。

最初の段階では、時間がかかっても「できない」と思いつめず、とにかくあきらめずに習慣化できるまで頑張ってみよう。

たとえば、新入社員は何をやっても遅いのが普通だ。何をやってもワンテンポずつ遅れる。なぜなら、頭の中に段取りができていなくて、いちいち考えながらやるからだ。

しかし、上司がガミガミ言わなくても、何年かすれば「考える」というプロセスを省けるようになる。

行動を習慣化するために必要なことは、その行動をたっぷりやることと、毎日欠かさずにやることだ。たとえ少しくらい勉強のやり方を間違えていようが、とにかく毎日やっていれば、必ず〝自分なりの習慣〟ができあがる。そうなればしめたものだ。

アメリカの心理学者ウィリアム・ジェームズ博士は、「人間は、習慣の動物である」という名言を残しているが、いったん勉強するという習慣ができてしまえば、ちょうど歯磨きをしないままに眠るのが気持ち悪く感じるように、「勉強していないと、なんだか落ち着かない」というところにまで、自分を持っていくことができるのだ。

「するか、しないか」と考えずに、とにかく「やってみる」！

2

「自信がない！」

自信がつく秘訣

「自分にはできっこない」「やれる自信がない」とつい消極的になってしまい、何事にも踏み出せない人がいる。

勉強に限らず、何かをやろうとするとき、自信があるのとないのとでは、その行動を起こせるかどうかで大きな違いを生む。

自信は、あればあるほどいい。天狗になっていい。自分が神さまだと思えれば、なおよい。

心理学には、**「ポジティブ・イリュージョン」**という言葉がある。

◯「私は素晴らしい人間だ」という、過剰な自己評価。

○「私ならうまくやれる」という、自分は物事を支配できるという認知。
○「私の未来は明るい」という、楽観性。
この三つの要素で成り立つ**「自分に対する肯定的な思い込み」**がポジティブ・イリュージョンで、これを身につけると、**仕事の生産性と創造性がアップすると**いう。唱えているのはカリフォルニア大学のシェリー・タイラー教授だ。

仕事や勉強をうまくやるためには、まず何よりも、このポジティブ・イリュージョンをもてなければダメである。

それには、自分を好きになり、自分の評価を変えることだ。

自分が大好きで、自分に自信をもっていれば、勉強の方法など多少まずくても、成績はみるみる伸びてゆく。

では、どうすれば自分を好きになれて、自信がつくのか。

なかなか自信をつけるのは難しいが、一つ秘訣がある。

それは、自分の人生を振り返ってみて、輝かしい過去の思い出を記憶の中から引っ張り出し、そのことを考えてニヤニヤするという方法である。そうすると、なぜか人間は自信がわいてくるのだ。

小学生のとき読書感想文をみんなの前でほめられたとか、走るのが速かったとか、なんでもいい。たった一つでいいから、過去の輝かしい経験を自分の中でふくらませ、輝いていた自分を思い出して、妄想にふけるのだ。

「運動会のかけっこと、仕事は全然関係ないじゃないか」と思うかもしれないが、それでも自信をつけるのには役立つのだ。

自分のことをプラスに考えるクセをつけると、その気持ちよさが仕事にも波及するので、仕事の能率も必ずアップしてくる。

たとえば、「高校時代はバレンタインデーにチョコをたくさんもらった」という成功体験が一つでもあれば、「だからお客にも絶対好かれるはずだ」といったポジティブな思い込みにもつながるのだ。

輝いた過去を思い出すだけで自信がつく

3

「気が散る!」集中できる環境のつくり方

集中したいのに、つい他に気を取られて、勉強が進まないということはないだろうか。

たとえば、水着を着た女の子のことを考えていたら、目の前にある参考書の内容など頭に入ってくるわけがないのである。

私たちの思考というのは、一度に一つのことしか考えられないようになっている。集中力も思考のクセなので、気が散らないためには、「一度に一つのことしか見ない」という思考習慣を身につけるといい。

まずやるべきことは、身の回りの環境を整えることだ。

机の上にいろいろなものをいっぱい置いておくと、「これもやらなければ、あれもやらなければ」と集中力がそがれてしまう。したがって、今やろうとしているもの以外は机の上に置かないことだ。それだけでも、けっこう集中力は高まるものである。

人間の注意を拡散させるものを「ディストラクター」と呼ぶが、視界の中に余計なものが入ってくれば、注意が分散されるに決まっている。ゲームが机の上に置いてあれば、そちらに気が向いてしまい、勉強などできるわけがない。

テレビはもちろん、聴覚の刺激、たとえばラジオの音などもディストラクターになるので、そうした余計なものはできるだけ取っ払っておこう。

机まわりはスッキリさせて、**今やるべきことと無関係なものは目にも耳にも入らないようにすると、自然に集中できるようになる。**

机まわりに余計なものを置かない

4 「頑張れない！」忍耐力を強くする秘訣

あと一章分だけ進めたい。でも、もうやめたい。

この項目だけは今日中に終わらせないと。でも、その気力が出ない。

そんなとき、もう少し忍耐力があったらと願わずにはいられないだろう。

オーストラリアのジェームズ・クック大学のジョン・プレスコット博士が、大学生を対象にこんな変わった実験をしたことがある。

まず、集めた学生を三つのグループに分け、Aグループにはキャラメルの甘い匂いをかがせた。Bグループには不快な動物の匂いをかがせた。

そのあとで、すべてのグループに、冷たい水にどれだけの間、手を突っ込んで

低下する集中力を引き上げる

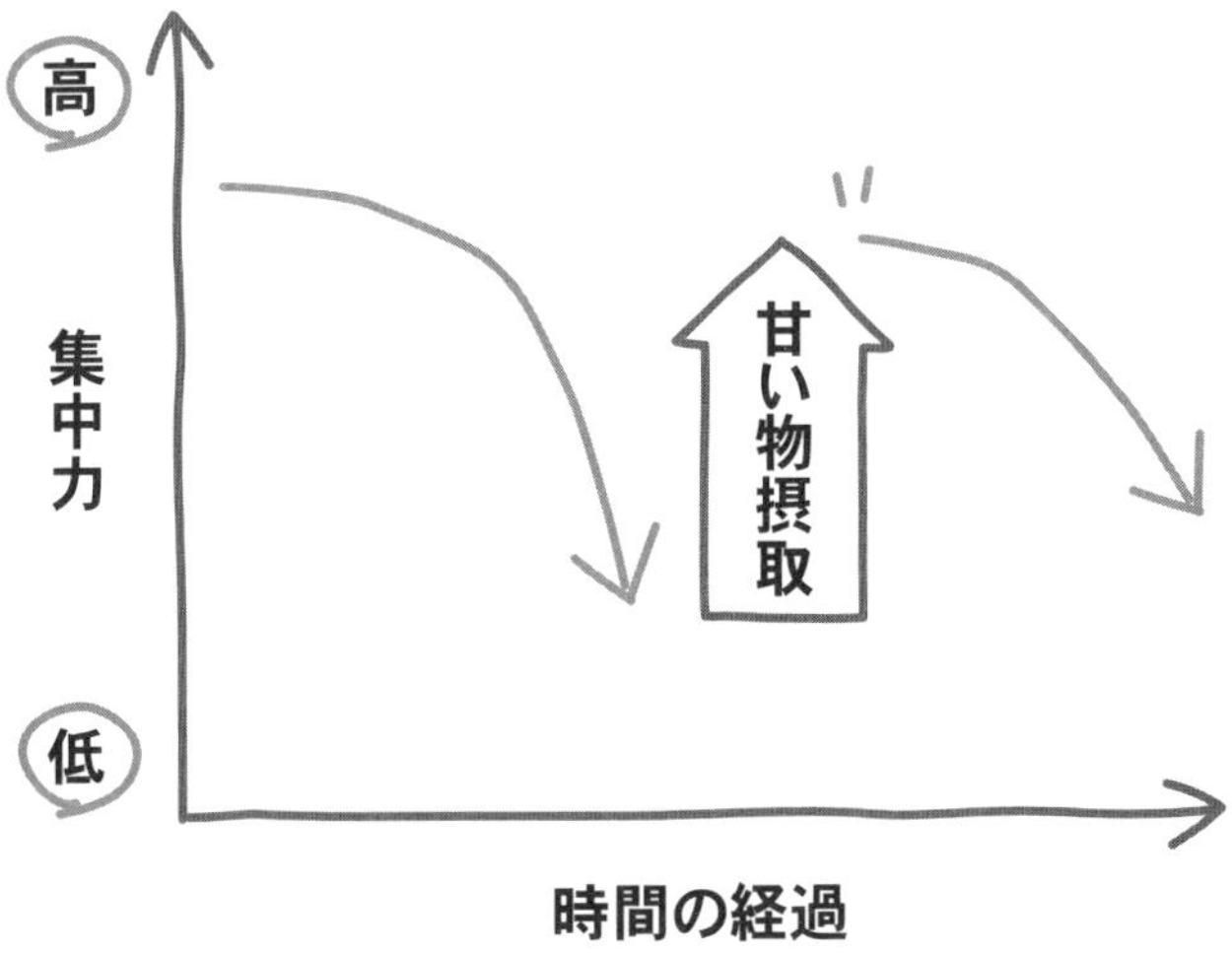

いられるかをテストしてみたのだ。

すると、甘い匂いをかいだAグループは一二〇秒も我慢できたのに対し、不快な匂いをかいだBグループでは半分以下の五〇秒しか我慢できなかったという。

つまり、この実験は「甘い匂いをかいでいると、人間は我慢強くなる」ということを示しているといえる。

このデータから、人はイヤな匂いの部屋で勉強するよりも、甘い匂いのする部屋で勉強したほうが、我慢強く取り組めるのではないか、ということが推察できる。

甘い匂いによって生理的に満足すると、人間は我慢強くなれるのだ。

あなたも、あまり気持ちが進まないことに取り組むときには、ココアやチョコレートなどの甘いものをとりながらやってみよう。

やりたくもないことをやるためには、どうしても小道具が必要だ。

そのための小道具が、甘い匂いのする飲み物や食べ物なのである。

もうちょっと頑張りたいときはココアを飲む

5

「アイデアがわかない！」
創造力を鍛えるコツ

アイデアを生み出す力とは、要するに創造力である。アイデアが次から次へとわいてくるようにするには、創造力を刺激すればいい。

では、創造力を刺激するには、どんな方法が効果的なのだろうか。

イスラエルのテルアビブ大学の心理学者、アブナール・ジブ博士が、創造力に関してこんな実験をしている。

小学校四年生二八二人を対象に「空き缶のおもしろい使い方」を考えさせるという創造力テストを行った。たとえば、空き缶をたくさん使って舟をつくる、マッサージに使うなど、変わったアイデアをいろいろ書かせたのである。

そのとき、生徒の半数にはテスト前にユーモア映画を見せ、残り半分の生徒には何も見せなかった。

すると、アイデアの数、アイデアのオリジナリティともに、映画を見てたっぷり笑った子どもたちのほうが高い点数を取るという結果が出た。

つまり、**人間は、笑うとおもしろい連想反応ができるようになり、創造力が刺激される**ということがわかったのだ。

また、教師がおもしろい冗談を言いながら教えたクラスと、ニコリともせずに教えたクラスとでは、生徒の知識の吸収量が違っていたという心理学の調査データもある。

アイデアがなかなかわかないという人は、ふだん、しかめっ面をして一生懸命考えているのではないだろうか。

もしそうなら、これからは「笑い」の力を使うことだ。おもしろい映画やお笑い番組のＤＶＤでも見て、笑ってから仕切り直してみるといい。

会議も、まじめくさった議論からはいいアイデアは出てこない。みんなで笑いながらブレストするくらいでちょうどいい。

笑うと、脳が活性化しておもしろい連想がわいてくる。冗談というものは二つの要素を結びつけて出てくるものなので、会話の中で冗談がどんどん出てくるのは脳が活性化している証拠だ。

「笑いながら、楽しみながら」を習慣にして脳を活性化していけば、あなたのアイデア力はぐんぐん伸びていくだろう。

アイデアが出ないときは笑ってみる

6

「気分が乗らない！」

気分や体調の波とつきあう知恵

どうしても「気分が乗らない」という日には、無理することはない。それは、人間に本来あるバイオリズムにあらがうことになるからだ。

人間には、ほぼ一定の周期で動く三つのバイオリズムがある。

二三日周期で、身体が軽くなったり、重くなったりする「身体リズム」。

感情の浮き沈みに関係する二八日周期の「感情リズム」。

そして、頭が冴えたり、鈍ったりする三三日周期の「知性リズム」だ。

私たちには、誰にでもこうしたバイオリズムの変化がある。だから、落ち込んだり、気が乗らなかったりする時期があっても、少しも気にすることはない。

人間に備わる3つのバイオリズム

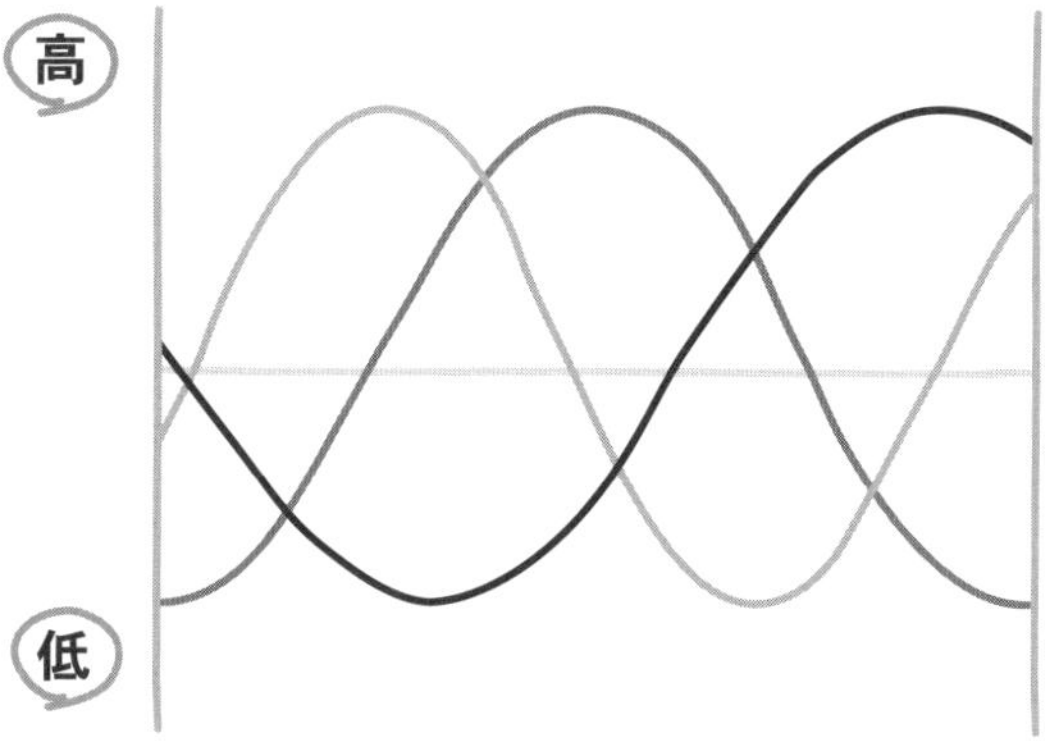

毎日一時間ずつコンスタントに勉強できたらエライが、できなくても仕方ない。リズムが落ち込んだ周期にあると思ってやり過ごそう。

逆に、気分がノリノリのときには、この絶好の時期を逃さないために、たくさん勉強しておくべきだ。

ちなみに私は、バイオリズムの上昇期に合わせて、原稿のほとんどを書き溜めてしまう。そうすればバイオリズムが下がってもまったく影響が出ないからだ。「気分が乗らない」ときには、焦らなくていい。無理して新しいことに取り組もうとしても、遅々として進まないはずだ。

気分が乗らないのはバイオリズムのせいだ

そんなときには、新しく知識を得るような勉強はやめて、復習をしたり、簡単な勉強をしたりすればいい。新しいことや難しいことは、気分が乗っているときに取り組むことだ。

このバイオリズムは、毎日の星占いなどよりもずっと信憑性がある。

たとえば、ロシアのレニングラード市の交通局では、五〇〇〇人のタクシー運転手に対して、バイオリズムが「要注意日」の者には自宅待機が命じられているそうだ。交通事故の三分の二が要注意日に起きていることがわかったからだ。

私も、大事な案件がある日などには必ず調べることにしている。

「身体バイオリズムは下がっているけど、感情バイオリズムは上がっているから、人とぶつかる心配はないな」などと、あらかじめ把握しておくのだ。

バイオリズムは、誕生日のデータを入れればウェブでも簡単に調べられるので、興味があれば調べてみてはどうだろう。

7 知る技術

「人に聞けない！」

「人に聞くのは恥ずかしいから、聞けない」という人が、案外多いようだ。

そういう人は「聞くは一時の恥、聞かぬは一生の恥」という言葉をよく噛みしめたほうがいい。

知識というものは、自分から取りにいくものだ。アーンと口を開いているだけで知識や情報が与えられると思っているとしたら、まるでヒナ鳥である。社会人になってまで「だって教えてもらっていないんだもん」と言い訳しているようでは、メンタリティが赤ん坊のままといわざるをえない。

何かわからないことがあったら、遠慮なく人に聞いて、知識を授けてもらおうではないか。

大人になると、誰も「勉強しろ」とは言ってくれない。受け身でよかった学生の頃と、社会人になってからの勉強は、質的に違うということを理解しよう。あなたが問いかけないかぎり、誰も教えてはくれないのだ。

一方、インターネットの急速な普及によって、わからないことはすぐネットで調べる人が多くなった。それによって「人に聞かなくたって自分で調べられる」と勘違いしている人もいるようだが、それだけでわかった気になってはいけない。

社会には、正解が複数あるような事柄も多い。複数の情報や知識を比較して判断することが重要だ。

そのとき必要になってくるのが、他人――つまり先生、講師、上司、先輩、同僚など――からの情報であり、他人の知恵を借りるということだ。

自分一人だけの知識や情報には限界がある。それをより高度で正確なものにしていくのに、人に聞くことを躊躇《ちゅうちょ》していてはもったいないというものだ。

一つだけの情報、自分だけの考えで満足するのは、哀れでさえある。

人に聞くことは究極の効率化

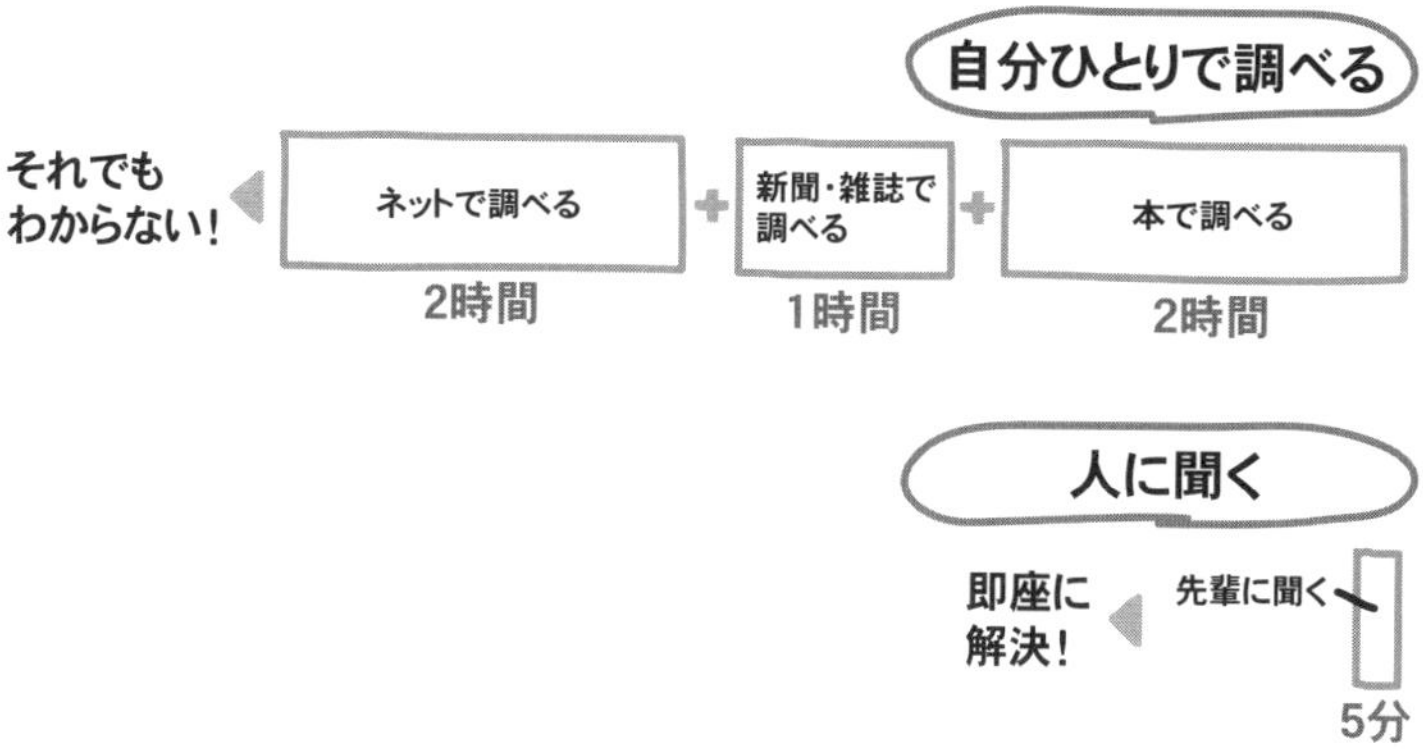

たとえば心理学の本を一冊だけ読んで「オレは心理学がわかった」と自慢できるだろうか。そんなことをしたら、周囲のみんなにバカにされるのがオチだろう。

ある程度知識がつくと、逆に、人は謙虚になる。どんな学問でも、調べれば調べるほど奥が深い。「まだまだ自分はダメだ」と思うから謙虚になれる。

どうしても人に聞けない人は、プライドが邪魔しているのだろう。バカにされるとか格好悪いとか、そんなつまらないプライドはとっとと捨ててしまおう。

人に何かを教わったからといって、命を取られるわけではない。

気軽に聞こうではないか。

しつこく聞いてうっとうしがられるようになったら成功である。

「ぼくはおバカさんなんだから、人に頭を下げて教えてもらうのは当たり前」くらいに考えよう。

聞かずに失敗するほうが恥ずかしい

8

「空き時間がもったいない！」

スキマ時間の有効な使い方

バスや電車に乗っている数分間、あるいは行列に並んでいるちょっとした待ち時間――。

そうしたスキマ時間に、あなたは何をしているだろうか。

数分間から、長くて十分。何かをしようという気になれない中途半端なスキマ時間。だが、うまく活用しないと、積もりに積もって大きな時間をムダにすることになる。

では、こうしたスキマ時間に何をしたら効率的なのだろう。

十分な時間がなく、途中で遮られることもあるスキマ時間は、新しい知識の吸

スキマ時間の有効な使い方

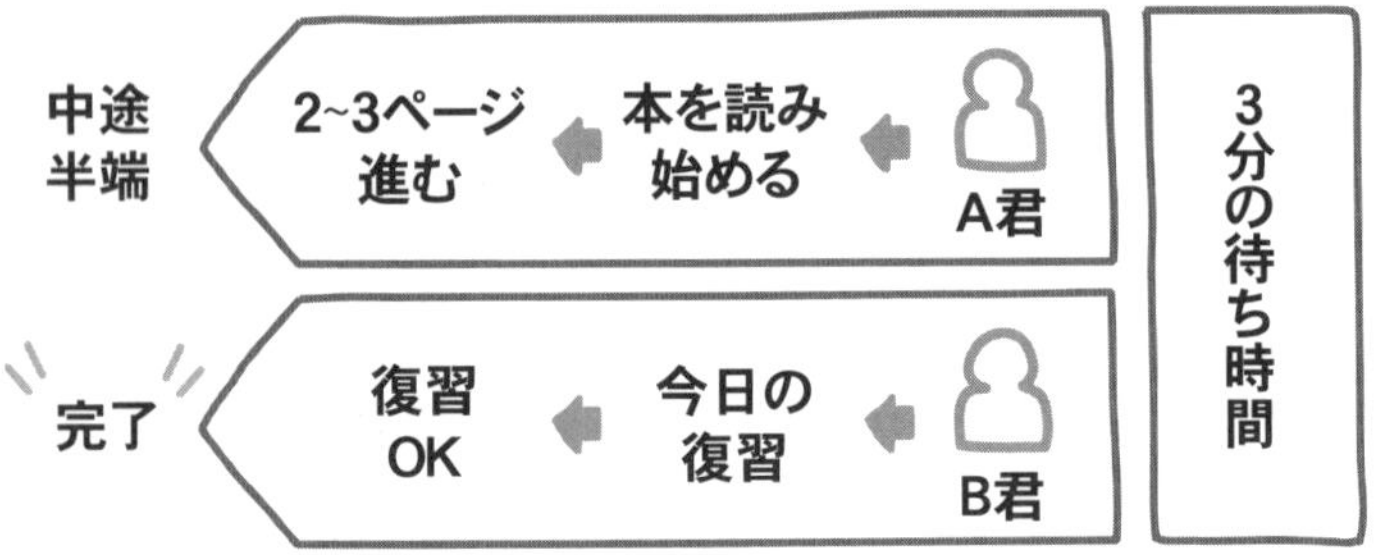

収や新しいアイデアを考えたりすることには向いていない。

最適なのは、「復習」だ。

昨日勉強したことを思い出す。

作成した企画書をもう一度見直す。

会ったばかりの人の名前を復唱する。

スケジュールを確認する。

このようにスキマ時間を活用するのが、一番効率的だ。

私はそうやって、ちょっとした空き時間を活用している。誰でもそうしているのかと思ったら、意外とやっていない人が多いようだ。

読みかけの本の続きを二、三分読んでみたが、何も頭に入らなかったという経験のある人も多いだろう。

それではせっかくの時間がムダに費やされたことになる。

しかし、**何かの「復習」にこの時間を充《あ》てれば、たった二、三分でも、十分意味のある時間に変身する**のだ。

スキマ時間は「確認」や「見直し」の時間

9

「覚えられない！」

大事なことを忘れない秘訣

口うるさく言われていたはずなのに、それを忘れてしまった。

人と会う時間をスッポリ忘れてしまった。

――大事なことをうっかり忘れるということはよくあるものだ。

でも安心してほしい。人間は忘れる動物なのである。

覚えたことの八割を、たった一八秒ほどで忘れるというデータもある。人間は、とてもおバカさんなのである。

また、人間には「記憶の変容作用」というものもある。

たとえば、自分の都合のいいように、来週までの締め切りを頭の中で勝手に三週間後に変えてしまったりするのだ。

だから、人間の記憶力をあまり信用してはいけない。

自分の記憶力に頼ろうとするよりも、もっと現実的な方法がある。それは、

「忘れたときにどう対処すればいいのか？」


ということだ。

たとえば、ぜひとも覚えておきたい大事な情報があったとする。しかし量が多くて忘れてしまいそうだ。万が一忘れてしまった場合には、どうすればいいのか。その対策を事前に用意するということだ。

その方策はいろいろある。

手帳に書いておく。

ノートに整理しておく。

人に話して情報を共有しておく。

携帯電話にアラームをセットしておく。

自分宛にメールをしておく。

ウェブストレージに保存しておく。

こうやって、もう**「忘れてもいい」ようにしておく**のだ。

おもしろいもので、「安心して忘れられる」と思うと、かえって忘れないものである。

忘れることを前提に対策を講じておく

10

「面倒くさい！」効率化の原則

何事に対しても「面倒くさい」と言って、なかなか行動に移せない人がいる。やらなければいけないと頭ではわかっているのに、つい「面倒くさい」と感じてしまい、先送りにしてしまう。

そんな面倒くさがり屋の人は、クヨクヨ悩むことをもうやめて、一八〇度見方を変えてみよう。

なぜなら、「面倒くさい」と感じるのは、すごくいいことだからだ。

たとえば、計算するのが面倒くさいから計算機が発明され、高性能なコンピュータにまで進化した。

自分で歩くのが面倒くさいから馬車が生まれ、より便利な自動車が生まれた。

人類の文明の発達に一番貢献したのは、まさにこの「面倒くさい」という感情なのである。

「面倒くさい」のは問題意識の表れ。その面倒くささを解消する効率的な方法を、私たち人類は考えてきたのだ。

だから、**「面倒くさい」と感じたら、面倒くさくない手段を考えればいい**のである。

資料を探すのが面倒なら、もっとラクなファイリングの方法に変えてみる。

作業に時間がかかってしまうのなら、効率的な段取りを探してみる。

「面倒だから、解決策を考えよう」という前向きな方向へいくのが望ましい。

その意味では、面倒くさがりでずるい人のほうが、時間の使い方も仕事の段取りも勉強法もうまくなれる。

たとえば、本を読むのが面倒だったら、速読法をマスターするとか、それを読んだ人にどんな内容か教えてもらうとか、さまざまな解決法が考えられる。

面倒くさいからこそ効率化を図る！

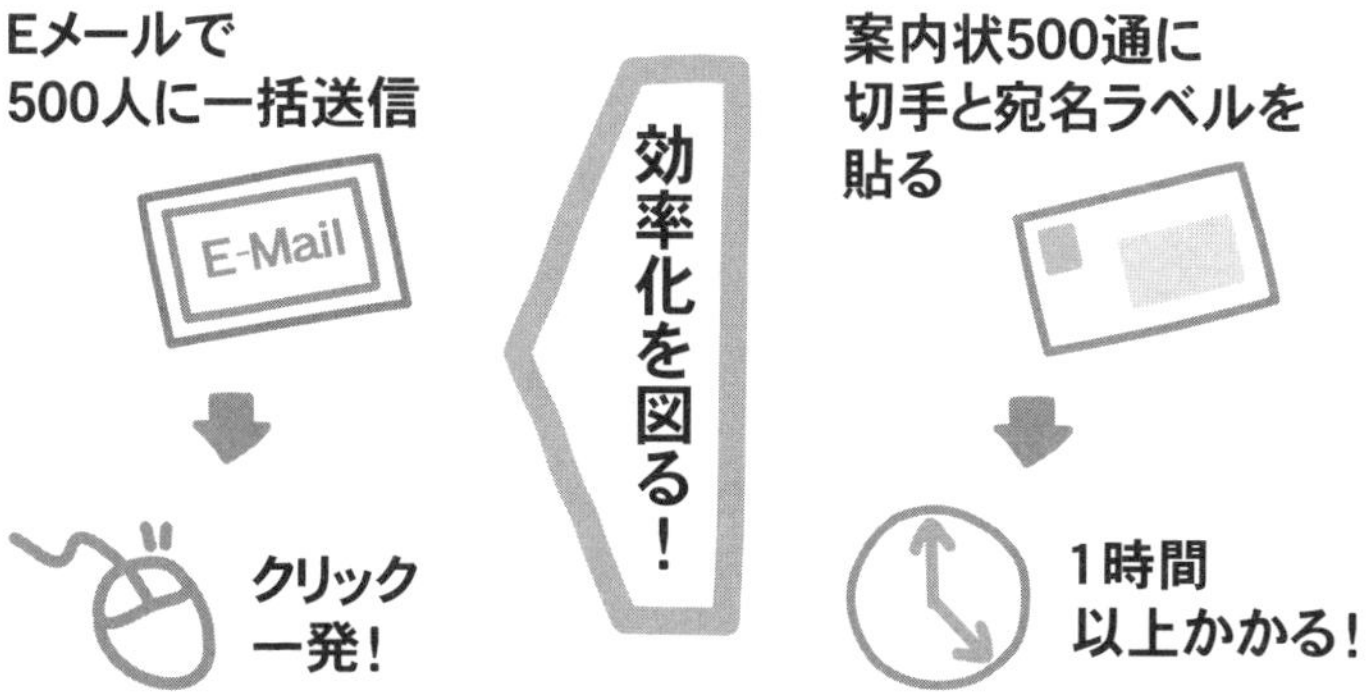

これはいろいろな面で使えるし、使わなければもったいない。

ちなみに私は、人に会うのが面倒くさい。

それで「人に会わないぶんだけ、メールにこだわる」という方針を立てている。

仕事相手とも、最初だけ直接会って、その後はメールでやり取りすれば、会わなくてもそれなりに人間関係が維持できるから、メールは利用価値が高いと思っている。

だから、自分を忘れられないように印象的な文章を書こうといつも努力しているし、それによって文章力もアップした。たぶん、私は日本で一番相手を喜ばせるメールの書ける心理学者であろう。

面倒くささを回避するために知恵を出し、ひと手間かける。それが、予想以上の効果をもたらすことは非常に多い。

「面倒くさい」からこそ効率化を図れる

11

「捨てられない！」捨てる技術

書店に足を運ぶと「捨て方を教える本」がいろいろと売られている。なかにはベストセラーになった本もある。

こういう現象が起きるのは、捨てられない人がいかに多いか、ということの証左であろう。

では、なぜ捨てられないのだろうか。

それは、大切なものとそうでないものとが区別できていないからだ。

たとえば「どの本を取っておき、どの本を捨てればいいのか」という判断ができていないのだ。なぜできないかというと、そもそも、その本の読み方が浅く、内容がわかっていないからである。

仕事の優先順位も同じである。

「どの仕事に力を入れるのか」「どの仕事で手を抜くか」という判断ができない人は、仕事内容がわかっていないのだ。

では、どうすればその区別ができるようになるのだろう。

その解決策は、ズバリ**「全部捨ててみる」**こと！

「大切なものまで捨ててしまったら困るじゃないか」と思う人がいるだろうが、それでいいのだ。

なぜなら、**「捨てなきゃよかった」という後悔で、人は成長する**からだ。

だから、一度すべてを捨ててしまおう。

捨ててスッキリしたものもあるはずだし、「あれを捨てたのはイタかった……」という思いも味わうだろう。

そうやって初めて、本当に価値あるものを見抜く目が育っていくのだ。

骨董の目利きも同じだ。偽物をつかまされて、くやしい思いをするからこそ、プロとしての目が磨かれるのだ。

大切なものを捨てて、「二度とこんな失敗はしないぞ」と思うからこそ、何が大切で、何が不必要なものかの判断力が養われていくのだ。

痛い思いをすれば何が大切かわかる

12

「耐えられない！」

一分間リラックス法

たった一分間でストレスから逃れられ、リラックスできる方法を教えよう。

それは、一分間、目を閉じることである。

なんだそんなことか、と受け流さないでほしい。これを知っておくと、どんなストレスに見舞われたときにも、簡単に対処できるようになるのだから。

人間は視覚優先の生き物である。

つまり、手や耳、そして鼻からの情報よりも、目から入ってくる情報に最も影響を受けるのだ。

そこで、**目を閉じて外からの情報をシャットアウトしてみよう。こうするだけ**

で、自分だけの世界をつくることができてしまうのだ。

これは「刺激制限法」と呼ばれるストレス軽減法である。実際、目を閉じてプールにぷかぷか浮かんでいる人を調べたら、ストレス指標といわれる血圧や心拍数が下がっていたという調査データもある。

仕事中にストレスが溜まったら、こっそりトイレに入って個室で目を閉じるだけでも、ずいぶん気分がラクになる。

満員電車に耐えられないと感じたら、目を閉じてみよう。それだけでストレスが軽減されるはずだ。

ちなみに私は、エレベータ内の閉塞感が嫌いなので、乗っているときは目を閉じるようにしている。それだけで閉塞感が薄れていくからだ。

ストレスを感じたら目を閉じる！

13

「何を先にすべきか迷う！」

優先順位のつけ方

やるべきことが複数あるとき、そこには、必ずといっていいほど「好きなこと」と「イヤなこと」が混じっているものだ。

本当に重要で至急やらなければいけないことは、好き嫌いをいっている場合ではないから、迷わず行動に移せるだろう。

問題は、そこまでせっぱつまってはいないが、好きなこととイヤなことを両方片づけなくてはいけない、というときだ。

好きなことを先に取っておくか、あるいは、イヤなことを先に済ませるか。どちらを先に手をつけるのが効率的なのか——？

じつのところ、決まったルールはない。

心理学者のなかにも、「得意なことを先にやってから、その勢いでイヤなことを済ませるべきだ」という意見と、「イヤなことを先に片づけて気をラクにしてから、得意なことに取りかかるべきだ」という意見の二通りがある。

要するに、人によって向き不向きがあるので、自分で試してみて判断するのが一番だ。

判断材料は、結果として「生産性が上がったかどうか」に尽きる。

好きなことを先にやった場合と、イヤなことを先にやった場合で、それぞれどんな結果が出たのか、二週間から一カ月間ぐらいのデータを取ってみるといいだろう。

その際、結果は必ず数値化しなくてはいけない。レポートや論文の執筆なら書いた原稿の枚数を、営業活動だったら契約件数を記録する。人間は、自分のやっていることをなかなか正確に把握できないので、目に見える形にすることが必要なのだ。

こうして自分で実験してみると、どういった優先順位のつけ方が最適なのか、おのずと明らかになる。

もしかしたら、自分が予想していたものとは違う結果になることもある。自分では効率よくやっていたつもりで、意外ともったいないことをしていたのかもしれない。

ついでに究極的なことをいえば、迷ったり悩んでいるヒマがあったら、どちらが先でもいいからサッサと取りかかるべきだ。

ダメなのは、「イヤだからやらない」という選択だ。

まずは生産効率を調べて自分のタイプを知る

14

「やる気が出ない！」

モチベーションを高める方法

どうしてもやる気が出ないとき、「なぜやる気が出ないんだろう？」などと考え込むと、かえってドツボにはまってしまう。

それよりも、どうやってやる気を出すかを考えよう。

心理学には「人間は『ごほうび』で動く」というゆるぎない法則がある。

これを「快原則」という。

快適な方向に動けば、おのずとやる気は出るのである。

だから、**やる気を高めたいなら、自分へのごほうびを用意するといい。**ごほうびくらいなければ、勉強でも仕事でも、やっていられないではないか。

ただし、ごほうびは、絶対に先にあげてはいけない。あくまでも、何かをやり終えてから与えるのが原則だ。

やる気を高めるための評価の法則というものがあり、それを使うと上手にごほうびを出せるようになる。

以下の四つがその法則である。

やった直後に報酬を与える

報酬が大きすぎてはいけない（次回の報酬の魅力が薄れてしまう）

報酬の内容は他人に任せず、自分で決める

徐々に報酬を減らす

徐々に報酬を減らす理由は、そうすることによって、そのうちに行動することと自体が報酬になる、つまり楽しくなるからだ。いつまでも外的な報酬に頼らないためにはこれも大切なことだ。

もしごほうびを用意してもやる気が出ないのなら、ごほうびの選び方を間違えているか、すでに効かなくなっているかのどちらかだろう。別のごほうびを探したほうがいい。

私の場合は、たとえば原稿を書き終えたら、大好きな釣りに行くことをごほうびにしている。

人によっては、恋人にほめてもらったりするのがいいかもしれない。

自分が心から喜べるようなごほうびを用意してあげよう。

ごほうびこそがモチベーションを生み出す！

15

「能率が悪い！」

スピードアップの秘訣

どうして自分の仕事はこんなにスピードが遅いんだろう。あの人と何が違うのだろう。自分はできない人間なんだろうか……。

そうやって自分の能力に絶望する前に、自分のやり方を見直すことが先決だ。

つまり、**スピードアップを図りたい人は、自分の行動パターンや思考回路にムダがないか、そこを見直すことから始めてみよう。**

まず、仕事や勉強で、自分の頭の中の思考プロセスや、作業の段取りをこまかく分解し、自分はどのような段階をたどっているのかを、紙に箇条書きにして書き出してみよう。

自分のプロセスを確認し、省くことを覚えよう

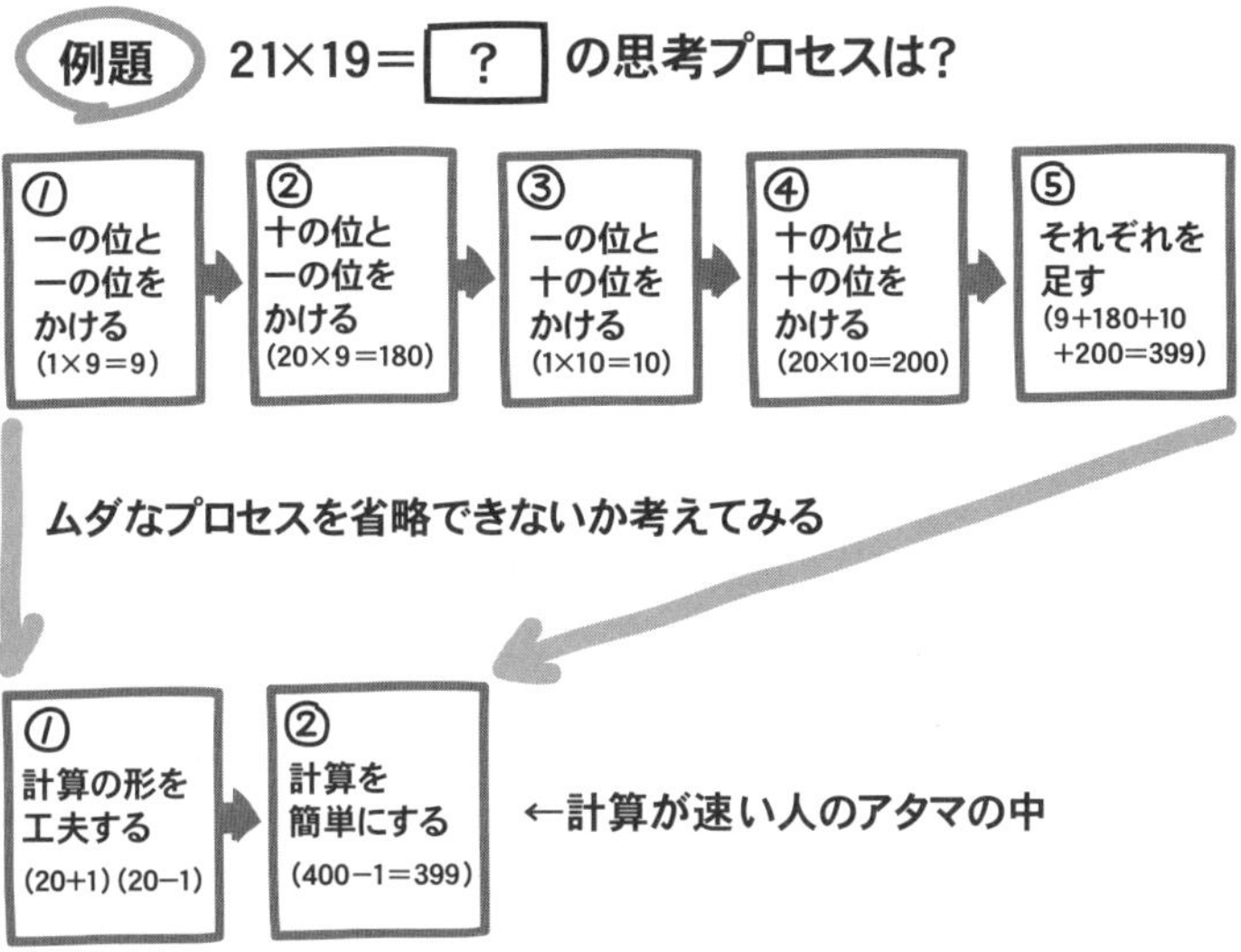

例題
21×19＝ ？ の思考プロセスは?
① 一の位と一の位をかける (1×9＝9)
② 十の位と一の位をかける (20×9＝180)
③ 一の位と十の位をかける (1×10＝10)
④ 十の位と十の位をかける (20×10＝200)
⑤ それぞれを足す (9+180+10 +200＝399)
ムダなプロセスを省略できないか考えてみる
① 計算の形を工夫する (20+1)(20−1)
② 計算を簡単にする (400−1＝399)
←計算が速い人のアタマの中

そうすると、これまで見えてこなかったムダが見えてくるはずだ。

たとえば、そんな作業はしなくても進めることができる「余計なプロセス」。そうしたものは省いてしまおう。

あるいは、これまでは二つの行程があったが、じつは一つの行程ですむ「まとめられるプロセス」。二つを一つにまとめることで時間の短縮が図れるはずだ。

自分がどういう思考プロセスをたどっているのかを正確に判断で

きれば、「ここのプロセスは昔の自分には必要だったけれど、今はいらないな」というものを見つけられる。そうやって、少しずつ思考速度を上げていけばよい。

これはもちろん、動作を簡略化するのにも使える。

たとえば「本棚から辞書を出して引く」という動作を素早くするために、辞書は机の上に上下逆さまに置いておくことをすすめる人がいる。そうすると、背表紙を手に取ってクルリと後ろに倒すだけで、その場でページを開けるというわけだ。

重い辞書を本棚から取り出し、机まで運んで、左手に持ち替えて開く。そうした一連の行動が大きく省かれ、スピードアップが実現されることがわかるだろう。

スピードアップのためには、特効薬となる新しい手段を探すのではなく、まずは自分の行動をもう一度見直すのが先決だ。

スピードアップへの近道は「プロセスの省略」にある

16

「煮詰まった!」
現状を打開するコツ

たとえば論文や企画書を書くとき、アイデアや材料は一応あるのだけれど、骨子となる考えがまとまらずに、どうにも煮詰まってしまった場合。

そんなとき、ただじっと考えていたところで、打開策は生まれにくい。

では、煮詰まってしまったときには、いったいどうしたらいいのだろうか。

単純かつ少々意外な方法だが、そんなときには**「手を動かすこと」**だ。

たとえば、頭に浮かんだ単語をどんどん紙に書き出してみる。その単語と単語をつなげて図にしてもいい。あるいは、整った文章でなくてもいいから、なんでもかんでもパソコンに文字を打ち込んでみる。

要は、とにかく「手を動かす」のだ。

すると、そのうちに脳が活性化してくるはずだ。

カナダの生理学者が「脳地図」というものをつくっている。

脳の中に電極を通し、どの部分が体のどこに対応しているかを調べたものだが、これを見ると、脳の半分以上が手の動きに対応していることがわかる。

人間の脳は、手を動かすことで大きくなってきたという説もあるくらいで、**脳は手を動かすことで刺激を受け、活性化する**のだ。

勉強とはすなわち脳を使うことなのだから、これを利用しない手はない。

もう一つ心理学的な裏づけとして、思考の速度はキーボードのタイピング速度に比例するという実験データもある。タイピングが速い人は、思考のスピードも速いのである。

煮詰まったらとにかく「手を動かす」!

17

英語習得への近道

「英語ができない！」

英語学習熱が相変わらず高いようだ。英語ができないことをコンプレックスに感じている人も多い。

しかし、よく考えてほしい。自分が生きていくうえで、あるいは仕事上で、英語が本当に必要なのかどうかを。

ただ漠然と「英語を身につけたい」と思っているだけではないのか。

もし明確な理由が見つからないのなら、英語は必要ないということだ。金輪際、英語の学習などする必要はない。

人間は、必要性を感じないと学習意欲がわかないようにできている。必要もないのに、ただ「英語を身につけたい」と思っても、勉強するだけムダである。

たとえば、星が好きな人だったら、恒星間の距離を計算したりするために数学を勉強したくなるかもしれないが、そうでない人は、数学の勉強を今さらしようとは思わないだろう。

英語を学習しようとするなら、まず目的をはっきりさせることだ。

英語の資格を取りたいのなら、TOEIC、TOEFL、実用英検、ケンブリッジ英検など、いろいろあるなかのどれにするのか。

ペンパルと文通したいのか。それとも直接会って会話をしたいのか。ネットで情報検索するのに英語を使いたいなら、とくにどの分野の情報が欲しいのか。

何を目指すかによって、勉強の方法はまったく違ってくる。

私の場合でいえば、英語の文献、なかでも心理学の専門論文を読んで意味さえつかめればよかった。

だから、英語の文献はスラスラ読めるが、ペラペラしゃべれるわけではない。でもそれで私は十分に満足している。なにしろ、目的は達成できているのだから。

私には、外国人とおしゃべりしようとか、議論しようなどという気持ちはさらさらない。だから、そういう勉強は一切していないし、これからもしない。あれもやろう、これもしようとするから、いつまでも何も身につかないのだ。自分に必要ないと思う部分はバッサリ切ってしまうこと。それが、英語をマスターするためには必要だ。

必要のない学習分野は切り捨てる

18

「スラスラ読めない！」

今日からできる速読法

本は、速く読めばいいというものではない。

だが、時間の制約上、速く読まなければならないこともある。

また、たくさんの文献を一度に読むときは、効率的にこなさないと大変な労力がかかってしまう。

やはり、速読法を身につけておくに越したことはない。

さっそくその方法に入りたいところだが、その前に基本的なことを押さえておこう。

つまり、読むべき本をしっかり選ぶ、ということだ。

まず、目次を見て読むか読まないかを判断しよう。

本の目次は、その項目で一番大切なエッセンスを抜き出したものから構成されている。だから、目次を見て興味がわかなければ読む必要はない。読む価値のあるものだけに絞って読もう。

次に、いよいよ速読のポイントを説明しよう。

本の内容には、重要な箇所とそうでない箇所がある。簡単にいえば、それを見抜くのが速読だ。

これは読書量が増えれば自然に習得できることだが、今すぐ身につけたいという人は、ざっと本文を見て、何度も現れるキーワードのみを拾ってみよう。それだけで、文章の内容はあらかた理解できるはずだ。

慣れないうちは、ラインを引いたり、丸で囲んだりして、チェックしていこう。

テキサス・クリスチャン大学のジェレミー・モレラント博士らが発表した、こんな実験データがある。

七三名の大学生にアインシュタインの伝記を読ませ、内容をきちんと理解した人の特徴を調べたのだ。

すると、文章にペンで線を引いたり、丸をつけたり、マークをつけたり、コメントを書き込むなどした学生ほど、しっかり理解できていたことが判明した。

ここから、**手を動かすことが理解を高める**ことがわかる。

世の中の速読術の本には、目だけを動かせと書いたものも多いが、私は手を動かすことをおすすめしたい。

キーワードを拾いながら手を動かすことによって、速読と熟読の両方が可能になるからだ。

キーワードを手でチェックすることが重要

19

「夢をかなえたい！」
長期目標の達成方法

医者になりたい。ＭＢＡ（経営学修士）を取りたい。事業を立ち上げて成功したい。世の中に貢献したい。

夢やビジョン、理想をもつことは素晴らしい。

そうした夢は、「将来」とか「○年後」とかの枕ことばがつく、長期目標である。

残念ながら、長期目標というものは、あまりに遠大なためになかなか具体化していかないことが多い。掛け声ばかりで何も始まらないということだ。

では、長期目標に着実に近づいていくためには、どうしたらいいのだろうか。

最初の一歩を踏み出すためには、どうしたらいいのか。

先にこんな調査データを紹介しよう。

結婚式を前日に控えたカップルと、かなり先に結婚する予定があるカップルに、それぞれ「結婚って何ですか？」という質問をした。

すると、遠い未来に結婚する人たちは「愛の確認」などと抽象的な概念で答えた。これに対して明日結婚する人たちは、親との関係とか、生活設計とか、具体的な事柄をからめて答えた。

つまり人間は、目標が近くにあると具体的な考え方をして、遠くに置かれると抽象的な考え方をするようになっているのだ。

だとすると、長期目標を達成するためには、今日何をすればいいのか、明日は何をすればいいのかという、きわめて近い目標が必要になってくる。

その短期目標はどうやって設定するかというと、べつに難しいことではない。

長期目標を達成するまでのプロセスを、細かくブツ切りにすればいいのだ。

このテクニックを「スイス・チーズ法」という。

長期目標の達成には「スイス・チーズ法」

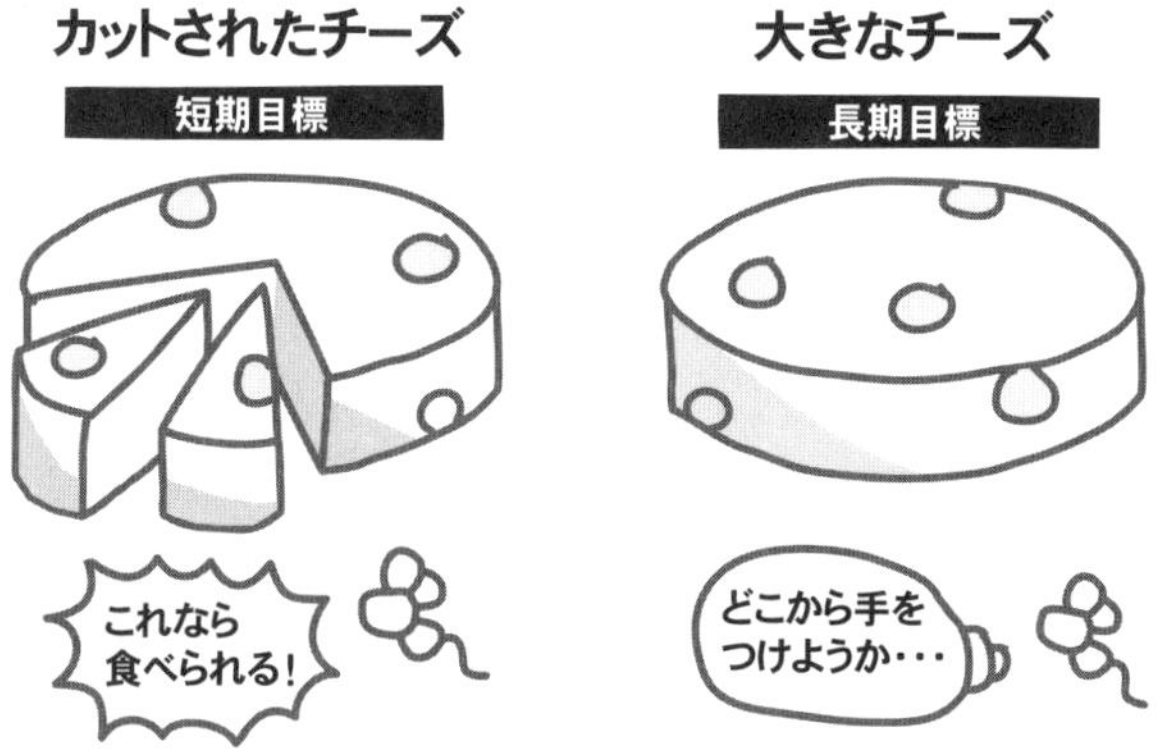

大きなチーズのかたまり（長期目標）にかぶりつくのは大変だが、チーズを小さく切って（短期目標）少しずつ食べることはたやすいということだ。

これを実証する報告がある。

カナダのクイーンズ大学のジュリアン・バーリング博士が、自動車のディーラー（セールスマン）を対象に行った調査である。

どんなセールスマンのやる気が高いかを調べたのだが、それによると、毎日何をするか決めている人や、日々の達成度を自分なりにチェックする人など、短期的なプランニングをしている人ほど仕事への意欲が高く、売上成績もよかったというものだ。

「将来は支店長になるぞ」と思って仕事をする人よりも、「今日は二件の営業をかけよう」とか「明日は必ず一台売ろう」とノルマを決めていた人のほうが、結果として高いところへ到達できたというわけだ。

これにならって、大きな目標があるのなら、そのための過程を細かくして、小さな目標に置き換えていこう。

そうすれば、一歩一歩着実に目標に向かっていけるし、前に進んでいるという実感も味わえる。

そして、**小さな目標を達成したら「喜ぶ」**ことだ。

これが楽しく目標に向かっていくコツであり、無理なく続けていくコツである。

長期目標は短期目標に分割してから始める

20

「手を抜けない！」

なんでも頑張らないメリット

すべてのことを手を抜かずにやりとげて、すべてにおいて最高の結果を出すことができたら、それはそれは理想的である。

だが、無限に力を出せるスーパーマンでもないかぎり、そんなことはムリに決まっている。

ごく普通の人間である私たちが、限られた力（体力、知力、精神力）で勝負していくには、手を抜くことを覚えなければならない。

私がいう「手を抜く」とは、限られた力の「再配分」である。

決して手を抜いてはならないところだけに力を集中させ、パフォーマンスを高手を抜くことは悪くない！

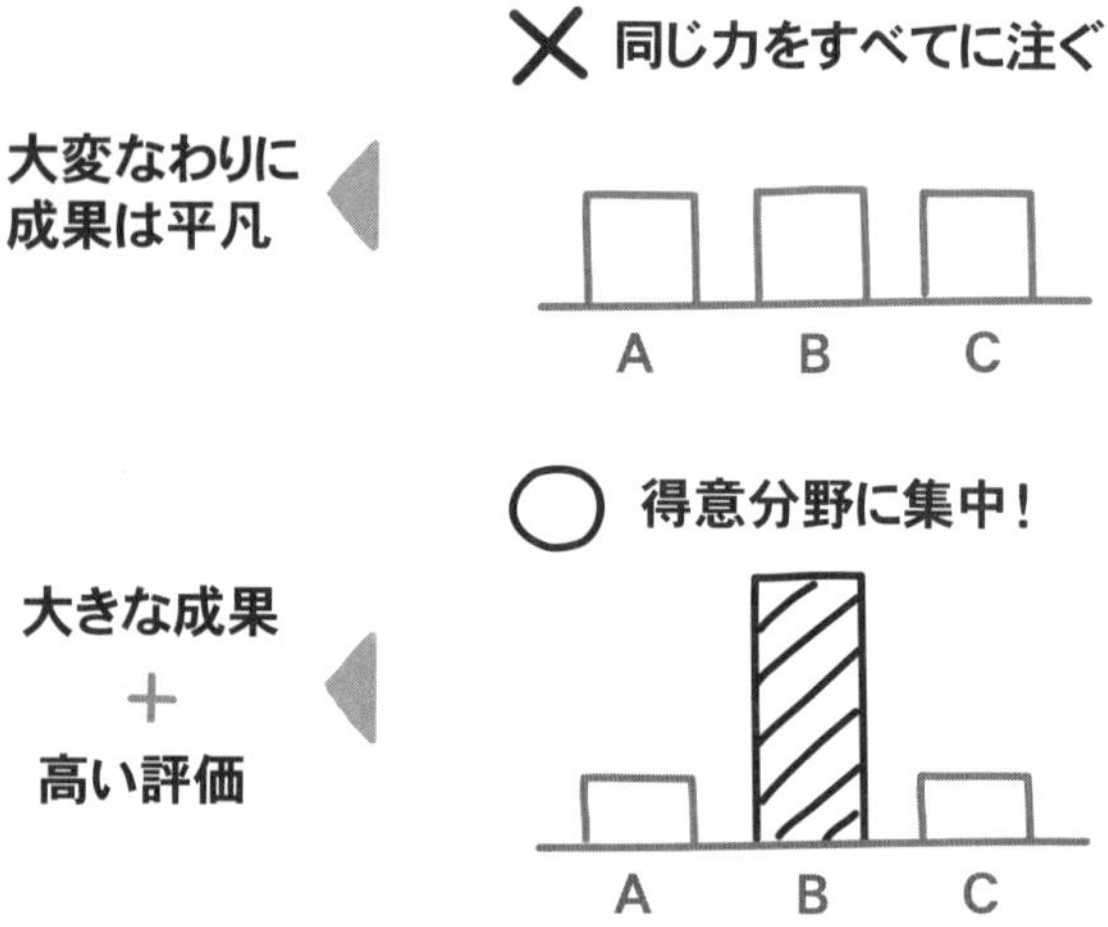

めていく方法だ。

いろいろな分野でそこそこの成果を出した人と、他はイマイチでも特定の分野でズバ抜けて高い成果を出した人とでは、後者のほうが周囲の評価も高くなるというものだ。

だから、本当に重要なこと、得意なこと、自信をもっていることに一五〇パーセントぐらい力を注ぐべきなのだ。

一方、残りの部分に関しては、一〇～二〇パーセントの力でこなせばいい。

私はこれを大学受験のときに実行した。

私の受験科目は英語と小論文。この

二科目に特化して勉強したのである。八科目も勉強するのは、私の頭ではムリだったのである。

小論文はセンスがモノをいう世界で、それには自信があった。なんの勉強もしなくとも、そこそこの成績が出せた。だから実質的には英語の勉強だけをした。

他の学生が「英語一時間、物理一時間、数学一時間、国語一時間」とやっている間に、私は英語だけを四時間勉強することができた。

大学に入学してからも、心理学以外の勉強は全部捨てた。一般教養の講義にはまったく出席していない。専門の講義も、自分に興味のないものは全部捨てた。成績はAかC。中途半端なことはしなかった。それでいいのだ、と思っている。

このようにして私は、これまでの人生において、重要な部分だけに徹底的に力を注いで成功を勝ち取ってきた。

なまじ仕事や勉強ができる人は、この力の再配分が下手だ。やろうと思えば全部できてしまうから、あれもやってこれにも手を出して、再配分のうまい人に負けてしまう。

ポイントを押さえ、重要でない部分はうまく手を抜いて効率化を図ることが、仕事や勉強で力を発揮するための鉄則だ。

「手を抜く」のではなく「力を再分配」する

21

「間に合わない！」

正しいスケジューリング法

「予定通りに進んでいない！」

「締め切りに間に合わない！」

デッドライン間近になって慌てふためく人というのは、じつはつねに、いつも、間に合っていない。

その内容が何であれ、そういう人は必ず予定より遅れてしまう。

一方、間に合う人というのは、いつも予定通りに進めることができている。

これは個人の能力の差なのか？　それとも性格によるものなのか？

否、である。

すべての予定に2割の余裕を！

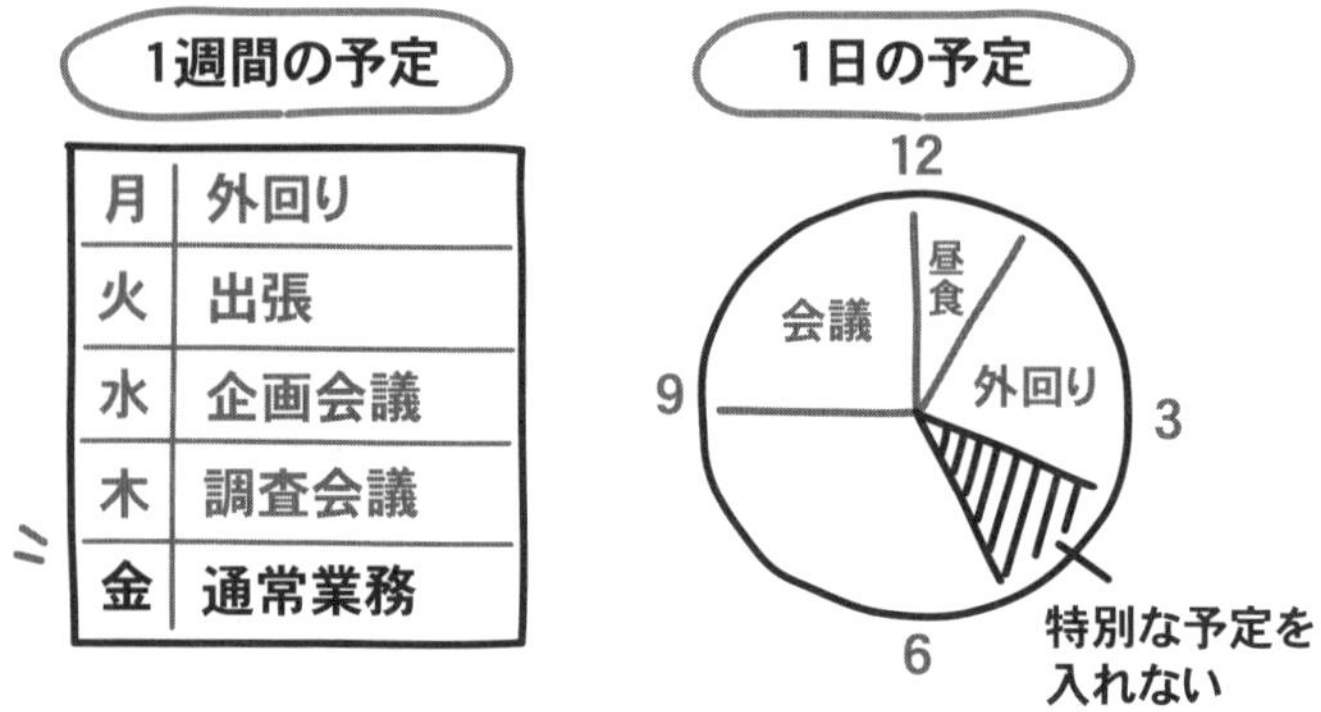

間に合わない原因は、単にスケジューリングの方法が間違っているだけである。

じつは、**いつも予定通り間に合っている人は、つねに二割ぐらいの余裕を入れてスケジュールを立てている**のだ。

人間の予定は狂うようになっているし、人間の行動は自分に甘いものだ。

だから、予定が狂っても慌てないように、あらかじめ二割ぐらいの余裕を考慮しておくのである。

「これくらいの内容なら、二週間もあればできるだろう」

そう思うときでも、スケジュールを組むときには、「三週間」にしておく。そうすれば予定がずれても余裕で対処できる。

間に合わないと思うと余計にプレッシャーを感じて、結局すべての作業が遅くなってしまう。不安に思う感情が作業効率を悪くするからだ。

締め切り間際にならないとやる気が出ないという人がいるが、それはジタバタしているにすぎない。精神的に追い込まれた状態では思うように能力は発揮されないのだ。

ゴルフ選手を見ればわかる。緊張していたりすると飛距離が伸びないが、リラックスしていると、ふだんの一〇〇パーセントか、それ以上の力が出せる。

スポーツ心理学では、最高のパフォーマンスができる状態をゾーン（聖域）と呼んでいる。

たとえば野球の打者でいえば、ゾーンに入ると何も音が聞こえなくなり、ボールだけが見え、そのボールも止まって見えるそうだ。

ゾーンに入るには、心と体がリラックスした状態になる必要がある。

それと同じで、スケジューリングを厳しくしてはいけない。リラックスするどころか焦って不安感が増し、能率が悪くなってしまう。

スケジューリングは、「ややゆるめ」を心がけよう。

二割の余裕を入れて予定を組む

22

「あきらめられない！」
勇気をもって撤退する方法

受験勉強であれ、資格勉強であれ、はたまたお稽古ごとであれ、このまま続けていって、はたして本当にモノにすることができるのだろうかと、心配になることはないだろうか。

これまでの努力がムダになるのではないかと、悩むことはないだろうか。

しかし、費やした時間やエネルギーを考えると、おいそれとあきらめることはできない。

そんなジレンマに陥っている人はいないだろうか。

だが、人間、「やめる勇気」が必要なときもある。

マサチューセッツ工科大学の統計学者パブソン教授によれば、**「どんな学問でも一日一〇分勉強を続ければ、一年で専門家になれる」**という法則があるという。

これは「パブソンの法則」と呼ばれているが、この法則を知らなくても、「本気で一年勉強すれば、たいていのことはモノにできる」ということを経験的にわかっている人も多いだろう。

ちなみに、私には、一年間あきらめずに勉強してモノにした学問がある。統計学だ。

心理学を専攻するうえで、統計学をマスターすることは欠かせない。ところが私はこの統計学という学問が大嫌いで、四苦八苦していた。

嫌いなことを先送りするより、「とにかく一年で片づけよう」と考えた。そこで、他のことをやらずに、統計学のテキストばかり読んで、練習問題を解きまくった。実際のデータ解析ではパソコンを使うので、自分で勝手なデータをつくってはそれを解析したりしていた。一年間で、統計学の本を軽く一〇〇冊は読んだ。

するとどうだろう。たしかに一年もたつと、あれほど苦手だった統計学の考え方が身につき、しかもたいていの統計手法はマスターしてしまっていたのだ。まさに「パブソンの法則」である。

だから、何かに専念し、**一年たってもモノにならなかったら、**それは「パブソンの法則」に従えば、**あなたには向いていない、**ということだ。

固執するのをやめ、「自分には合わない」「好きになれない」と判断して、とっとと撤退しよう。

きっと神様が「違うことに力を注げ」と教えてくれているのだろう。

一年やってダメなら相性が悪いと判断する

23

「失敗から立ち直れない！」

挫折に強い体質のつくり方

一度大きな挫折を味わうと、そこから立ち直るのはなかなか容易なことではない。場合によっては、一生立ち直れないことにもなる。

そもそも、挫折とは、小さなストレスを溜めた結果として表れる。ストレスは、それが小さいうちに解消してしまうことが大切だ。ストレスが目一杯溜まってしまうと、それを解消するのは難しくなるからだ。

雑草抜きは毎日こまめにやることが大切で、まとめてやろうとすると、とんでもなくしんどい作業になる。それと同じである。

テストも、本番の一発勝負で失敗すると精神的にきついが、それまでに何度も模擬テストで小さい失敗を経験していれば、それほど大きなショックにはならない。

大好きな女性をデートに誘いたいなら、そうでもない女性をデートに誘う練習をして、何度もフラれておこう。

予防接種のつもりで小さい挫折をくり返し、毎日の小さいストレスを消していくことが大切だ。

そして、くやしいときや後悔したときのために、自分なりの立ち直り方法を決めておくことだ。「私は、これをやるとスッキリする！」というものを、一つでも二つでも、決めておくのである。

バッティングセンターで一〇〇球打ってくるとか、大学時代の友人に電話するとか。私の知人の女性は、気分を変えたいときは思いっきりフルメイクをするそうだ。

自分でこれというものをあらかじめ決めておき、ストレスを感じたときの処方箋として持っておくと、立ち直りが早いだろう。

建物の非常階段と同じで、「ふだんは使わないけれど、いざとなったらこれが使える」というものがあると、パニックにならないですむというわけだ。

ただし、お酒のガブ飲みや、甘い物のドカ食いなど、健康を害するようなことは選ばないほうがいい。

一〇〇パーセント薔薇色の人生なんてありえない。けれども、小さい挫折を何度も経験しておけば、人間は打たれ強くなる。

失敗から学べることはたくさんあるのだから、おおいに失敗しておこう。

小さな挫折に慣れておく

24

「文章がヘタ！」

文章力を磨く秘訣

「文章がうまく書けないのがコンプレックスで……」という人がいる。

そういう人は、文章読本で勉強したりする前に、書こうとするテーマについての知識が不足していないかどうか、疑ってみよう。

なぜなら、「いい文章を書ける人は、頭の中で複数の情報を並べて比較しながら書いている」からだ。

これは、「文章を作成する能力の高い人に、頭の中で考えていることを口に出してもらう」という実験でわかったことだ。

たとえば、あるテーマをもらってエッセイを書くときに、文章のうまい人は、一つだけの情報で書いてはいない。今までに得た知識や記憶を並べて比較し、三つ以上の情報を取り入れつつ書き、内容を深めていたのだ。

人間は、知識が増えるほど情報の対比や比較ができるようになるので、文章能力も自然に上がっていくのである。

つまり、**より多くの情報、知識を獲得しておけば、文章力も磨かれる**わけだ。

手っとり早く知識をつけるには、たくさん資料を集めてしまうことだ。

たとえばプレゼンの文章なども、下調べの資料一冊だけでつくるより、三冊でつくるほうが比較しながら書けるし、的確な具体例なども挙げやすいので、よりよいものができるだろう。

資料をたくさん集め、たくさん読むというシンプルな方法で知識を身につければ、文章作成能力は自然についてくるものなのである。

執筆のための資料を豊富に用意する

25

「お金がない！」

失敗しない自己投資術

「お金がないから勉強できない」とイジケる人。

「これだけお金をかければモノになるだろう」と、大金を投じる人。

私にいわせれば、どちらも現実がわかっていない。

勉強の能率は、かけたお金に比例しない。

「お金をかけたからできるようになるはずだ」と思わないほうがいい。

たとえば、何十万円もする学習用ＤＶＤセット。そこには、普通では入手できないようなものすごい情報があるのだろうか？　そんなことはない。

英会話を学ぶときも、グレードの高いコースやネイティブの講師にこだわった

メリットとデメリットを書き出す

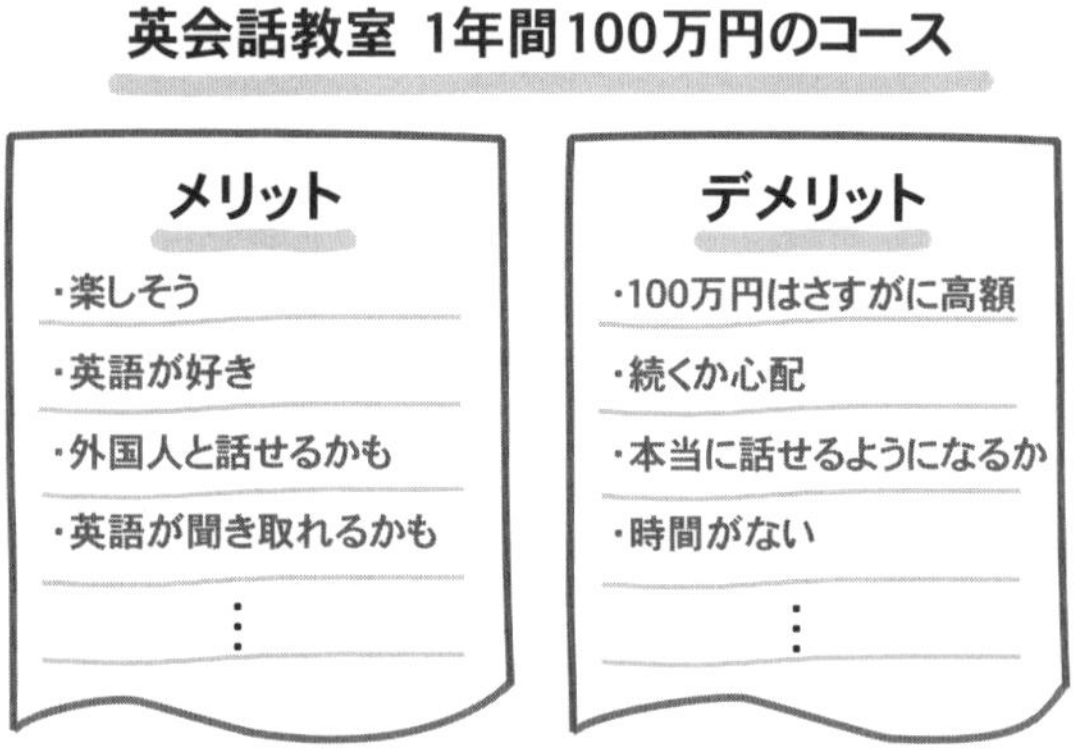
英会話教室 1年間100万円のコース
メリット
・楽しそう
・英語が好き
・外国人と話せるかも
・英語が聞き取れるかも
デメリット
・100万円はさすがに高額
・続くか心配
・本当に話せるようになるか
・時間がない

メリットとデメリットの数を比べてみれば、自分の本心がわかる！

からといって、めざましい効果があるとはかぎらない。

お金を使わないから勉強できないというのは、単なる思い込みだ。

ただ、上手なお金の使い方というのはある。

まず、一カ月のこづかいのうち、いくらを勉強のために投資するのかを必ず計画しよう。たとえば毎月五〇〇〇円を使うと決めたら、その金額のなかでやりくりするのだ。

もし、お金をかけようか、それともやめておこうか迷ったら、お金をかけることのメリットとデメリットを書き出してみるといいだろう。

それでメリットのほうが上回れば、納得してお金を使えるというもの。

心のどこかで「それほどでも」と思っていると、自然にデメリットのほうを多く書くはずで、それによって自分の本音が見えてくる。

本音が「使いたい」と言っているなら、使えばいい。

本当にメリットを感じることに投資する

26

「意欲が続かない！」

モチベーションの高め方

「努力している私、カッコイイ！」

「こんな本を読む私ってすごい！」

そんなふうに自分を元気づけたり、鼓舞《こぶ》したり、ごほうびをあげたりすると、いっときはモチベーションが高まる。でも、どうも長続きしない。

そういう場合は、他の人の力を借りてみよう。

ノースキャロライナ大学のドーリン・ハンコック博士が行ったこんな実験がある。

大学三年生を対象にリーダーシップを高める訓練（実験のために行った）の際、

半分の学生は教授にほめられ、あとの半分はほめてもらえなかった。

訓練が終わると、それぞれが自宅でやるための宿題が出された。するとほめられた学生たちは平均して四六・八分も宿題に取り組んだ。たくさんやったのである。

一方、ほめられなかった学生は、平均三四・七分しか宿題をやらなかった。あまり努力しなかったのである。

要するに、ほめられなかった学生は、あまりやる気が出なかったのだ。

人間は単純なもので、ほめられるとうれしいし、その気になる。

そして、**自分で自分をほめるよりは、自分以外の人にほめられるほうが、よりその気になれるのだ。**

では、人にほめてもらうにはどうしたらいいのか。

一番いいのは、勉強から得た知識を自己完結させず、アウトプットすることだ。

たとえば自己啓発の本を読んだら、「なるほどこういう考え方もあるんだな」と自分の知識にするだけでなく、他の人にアドバイスしたり、ブログに書き込んだりする。

そうすれば、必ずほめてくれる人が現れて、勉強がもっと楽しくなる。知識は使って楽しむものなのである。

そして、ほめてくれる相手が、自分にとって大切な人ならなおいい。

たとえば、読んだ本の内容を大好きな彼女に話して「カッコイイ！」と言われたりするのは、モチベーションを高く保つのに何より効果的だ。

続けたいなら他人にほめてもらうことを考える

27

「外国人と話したい！」
堂々と英会話するコツ

ネイティブスピーカーとフランクな会話を交わす。

日本語で話すときと同じくらい知的なことを、思い通りに英語で話せる。

そんな姿に憧れながら、いざ外国人と対面すると思うように話せず、「ああ、ダメだ」と自己嫌悪に陥る人がいる。

だが、考えてみてほしい。青い目の外国人が日本語で「こんにちは、アメリカ人のジャックと申します」と話しかけてきたら、あなたは素直に「すごい」と思うのではないか。

あなたが外国へ行って英語で「ハロー」と言えたら、それは同じようにすごいことなのだ。それなのに、満足できないのはなぜなのか。

それは、目標が高すぎるからだ。

目標が高すぎると、達成できない自分がダメに思えてしまう。

逆に「ハロー」や「サンキュー」といった小さな知識で喜べて、ほんの一言二言の会話でも楽しめるなら、もっと学ぼうという気になれるものだ。

最初から高いハードルを設定するのはやめておく。

そして、細かい文法などは気にせず、用件を伝えるとか買い物するとか、何か一つでも目的が達成できればそれでよしとする。

自分が何かできたことに幸せを感じる、これが前へ進む第一歩となる。

外国人に道を聞かれて教えることができた。それだけでも「オレってすごいな」と思えるようになれば、自信がついてどんどん先へ行けるようになるだろう。

「英語がペラペラな人」をめざさない!

28

「自分が嫌い！」ナルシストは成功するの法則

あなたのまわりにいる、物事がうまくいっている人と、うまくいっていない人を思い浮かべてほしい。

「自分なんか」「どうせムリだ」「やっぱりダメだ」などの、ネガティブな言葉を多く発するのはどちらの人だろうか。もちろん後者のはずだ。

ネガティブな言葉を多く口にするのは、自己イメージが低い証拠である。つまり、自分のことが好きではないのだ。

それは言葉だけでなく行動にも必ず影響して、ネガティブな方向に自分を運んでしまう。だから物事がうまくいかなくなる。

これは、勉強でも仕事でも、恋愛でも同じこと。物事をうまく運ぶためには、自分を好きでなければならない。それも、好きであればあるほどいい。

自分をどれだけ好きかが勉強の成績にも影響するという調査結果を紹介しよう。

イースタン・ワシントン大学のリサ・ファーエル博士が、ナルシストの傾向を測定する心理テストを大学生に行い、学業成績との関連を調べた。

すると、「優越感を感じやすい」「自己顕示欲が高い」「自己権威性が高い」と評価された学生ほど、学業の成績がいいことがわかった。

つまり、**ナルシストであるほど成績がよかった**のだ。

なぜかというと、ナルシストは自分に対して楽観的な予想ができて、問題を軽く見られるからだと分析がなされている。

「大丈夫、いい点を取れるに決まっているさ」とか「こんなテストは朝飯前」と考えられるから、結果として成績もいいというわけだ。

ファーエル博士のこの分析はともかく、自分を好きになる気持ちがないと、成績が伸びないのは事実のようだ。

もう一つ、ニューヨーク州立大学のリチャード・フェルソン教授の実験でもこんな結果が出ている。

二二一三名の高校一年生の成績を三年間追跡調査したところ、一年生のときの心理テストで、「自分は知能が高い」とか「自分の顔立ちが好き」「自分の体型が好き」などと、自己評価が高く自分に好意的だった生徒ほど、三年後の成績の伸び率が高かったというのである。

教授がその原因を調べたところ、**自己評価の高い生徒ほど努力する傾向がある**ことがわかった。

これほど、自己評価、自己イメージの影響は大きいのだ。

自分を好きでないのは、せっかく伸びようとしている芽を押さえつけているのと同じだ。

だが、わかっていても、今の自分を好きになれないという人もいるだろう。

そういう場合は、**自分にポジティブな言葉をかける習慣を身につけよう。**

「オレってすげーカッコイイなあ」「一〇人分仕事できるよなあ」といった言葉を、最初は声に出して、あとは心の中で、ことあるごとに自分に言い聞かせるのだ。

頭の中で発する言葉をインナートーク、あるいはセルフトークというが、これを続けていくと、次第に性格も変わっていく。

今よりもう少し自分を認められるようになるだけで、能力がぐんと伸びていくだろう。どんどん自分にいい言葉をかけて、好きになろう。

人間はくり返しに弱い。

同じことを何度も聞かされるとその気になってしまうのだ。

親から「やればできる」と言われ続けた子どもが成長してから成功するのは、まさにその効果なのである。

自分自身にポジティブな言葉をかけて自分を好きになろう

29

「頭に入らない！」理解力を高めるコツ

せっかく分厚い本を読み終えたのに、内容がほとんど頭に残っていなかったり、人にうまく説明できなかったりするのは悲しいものだ。

そんな人のために、理解力を高める簡単なコツを伝授しよう。

視覚の優位性というものをご存じだろうか。たとえば、物が曲がって見えるようなメガネをかけて、直線の物体に触れさせられた人は、その物体が曲がっているように感じられるというものだ。

人間は、触覚や聴覚などで感じられる内容と、視覚で感じられる内容が食い違う場合、視覚からの情報を優先させるのである。

俗にいう「耳学問より目学問」「百聞は一見に如かず」である。

「交通事故があったみたいよ」と人に聞いてもすぐ忘れてしまうが、自分でその現場を見るとずっと忘れないというのも、視覚の優位性によるものだ。

だから、**物事をしっかり頭に叩き込むためには、視覚を利用したほうがいい。**

その場合、なるべく鮮明なものを見たほうがより理解が進む。絵やイラストよりも写真のほうが記憶に残りやすいといえる。

ある絵本を、紙芝居風に絵を見せながら読み聞かせた子どもと、物語だけを語って聞かせた子どもでは、前者のほうが理解度が高かったというデータもある。

これを勉強に応用するなら、本を選ぶときは絵や写真や図解が多用されているものを選んだほうがとっつきやすく、覚えやすいのは間違いない。

初学者ほどそういう観点で本を選ぶといいだろう。

視覚化するだけで頭に入りやすくなる

30

「見つからない！」超簡単整理法

勉強は基本的に積み重ねである。

だから、教科書や参考書、あるいは資料のコピーや使い終わったノートなどが、どうしても多くなっていくのは仕方ない。

だが、モノが多くなればなるほど、探す手間や検索の手間が増えて効率が悪くなる。

モノに勉強を邪魔されたくないなら、整理整頓は必須科目である。

では、どういった整理整頓法がいいのだろうか。

私のおすすめは、「カテゴリ分け」だ。

たとえば私の本棚は、ビジネス心理学、対人心理学、教育心理学といったカテゴリに分けられてある。

しかし、真に自分に合った整理整頓法を見つけたければ、こう考えてみよう。

それが見つからなかったら、どうするか？
それが見つからなかったら、何を手がかりに探すか？

たとえば、眼鏡をどこかに置き忘れた場合。あなたが真っ先に探す場所が洗面所になるのなら、洗面所に眼鏡の置き場所を設置すればいい。

電車の定期券を忘れ、すぐ玄関先を探すようなら、玄関に定期券を置くルールをつくればいい。

本や書類も同様にして、「ここにあるかも」と思える場所に、整理先を設ければいいのだ。

これが、「見つからない！」と騒がないための最良の予防策だ。

もちろん、使ったものはちゃんと元の場所に戻そう。面倒でも戻しておかないと、あとでもっと面倒なことになるのは、いうまでもない。

一度困ると最適な整理整頓法がわかる

31

「逃げられない！」プレッシャーから抜け出す秘策

苦しくなるほどプレッシャーを感じてしまうのは、オーバーワークが原因だ。人間の体は放っておいても限界を越えると病気になって止めてくれるが、そこまで悪くなる前に、自分で止めなければいけない。

それには**「何か一つ切り捨てる」**ことが大切だ。

「切り捨てることなんて、できるわけがない！」

そう反論する人もいるだろうが、本当に大切なものなんて二割にすぎない。残り八割のうち、どれか一つ切り捨てたところで、たいしたことにはならないから安心してほしい。

本当に大事なものは２割だけ

たとえば、水曜日は残業しないとか、週に一件は同僚からの依頼を断るとか、抱えている案件のなかから一つだけ部下に任せるとか、そういったことだ。

あるいは、うるさいA社という会社がものすごく負担になっているなら、そのA社との関わりを絶ってしまうのもいい。

そうはいっても、人間関係というものは複雑だ。しがらみで身動きがとれないこともあるだろう。

しかし、一つだけでいい。何かを切り捨てなければ、いつかはプレッシャーに押しつぶされてしまうことになる。

しがらみでグチャグチャになってほどけない糸を、一本切る。

それだけで、状況が打開されることもある。

しがらみで身動きできなくなったら、一つ切り捨てることを覚えておこう。

プレッシャーに耐え続けるよりも切り捨ててしまう！

32

「頼めない！」他人の力を利用する方法

あなたは、他人に平気で頼みごとができるタイプだろうか。

それとも、自分でなんでも抱え込んでしまうタイプだろうか。

勉強や仕事が速い人というのは、圧倒的に、他人に頼める人のほうである。

あれもこれもと自分一人でやろうとする人は、まず「自分で全部できるわけがない」と気づく必要がある。

自分一人でできなくたって、誰かの力に頼ったって、決して恥ずかしいことではない。反対に、自分以外の力を利用することを覚えないと、いつまでたっても成長できない。

一から自分でやるのではなく、利用できるものはなんでも利用していこう。そうすれば、時間も労力も大幅に削減できる。

たとえば、一週間のスケジュールを全部頭に詰め込もうとする人はいないだろう。パソコンのカレンダーや手帳の予定表に書きとめておくはずだ。

そうしたモノの力に頼るのと同様に、ヒトの力にも頼るのだ。

知識や労力を提供してくれそうな人がいたら、躊躇せずにサポートを頼む。

オリジナルの論文を読むのもいいが、もっと効率よく知識を身につけるのなら、わかりやすく解説された本を読む。

そのほうがずっと効率的だ。

そうはいっても、人に頼みごとをするのが苦手な人もいるだろう。そんな人にヒント。

人は、おだてられたり、ほめられたりすると、いい気分になって、断りづらくなる性質をもっている。

そこで、何かを頼むときには、とにかくおだてて、ほめちぎるといい。

「こんなお願い、佐藤さんにしか頼めないなあ」

「やっぱり鈴木さんのセンスに頼るほうが、失敗はないと思うので」

「この分野を熟知している内藤先生に、ぜひアドバイスをもらいたいのです」

こう言われてむげに断る人はまずいない。

使えるモノはなんでも使う。頼れるヒトは誰でも利用する。

それをするのとしないのとでは、今後の人生が大きく変わってくるはずだ。

一人の能力には限界があることを知る

33 努力を持続させる方法

「続かない！」

もし、スポーツに「試合」というものがなかったら、選手たちは過酷な練習に耐えられるだろうか。

もし、コツコツと勉強に励んでいても、その成果を確かめる方法がまったくなかったら、勉強を続ける気力がわくだろうか。

努力の成果、費やした労力への対価、そうしたものが何らかの形で見えてはじめて、人は努力を続けられる。

自分の進歩が目に見えてわかる状況があれば、やる気は持続するものなのだ。

たとえば、会社で営業成績の一覧表が貼り出されたりするのも、自分の位置や置かれた立場が目で見てわかるという意味では悪くない。

それがプレッシャーになってはまずいが、成績内容の判断材料としては、形として見えたほうがいい。

やる気が持続できそうもないときは、あえて成果を試してみよう。

たとえば、一人でコツコツと独学していて、周囲に比較できるライバルがいなければ、モチベーションが維持できない。そんなときには、検定やテストなどを探して、ぜひ受けてみよう。

自分の能力がどの位置にあるのかわかるし、いい腕試しになる。

漫然と勉強していてはいけない。点数や順位はどうあれ、はっきり結果が出るものを目標にすることは、モチベーションの維持だけでなく、能力を高めていくためにも大切だ。

成果が確認できると続けられる！

34

「昼寝したい！」

生産性が上がる休み方

昼寝はいいことだろうか。悪いことだろうか。

一つおもしろい現象を紹介しよう。

人は休憩を取ると、休憩直前よりもいい状態で作業を再開でき、さらに能率が上がるという「レミニセンス（休憩後回復）」現象が起きることがある。

人間は、休んでいても頭の中ではメンタル・リハーサルのようなことをしているようだ。

発明家が何カ月もアイデアを考え続けていてダメだったのが、旅行に行ったときにふと、いいアイデアが浮かんだりするのがこれである。

レミニセンス現象

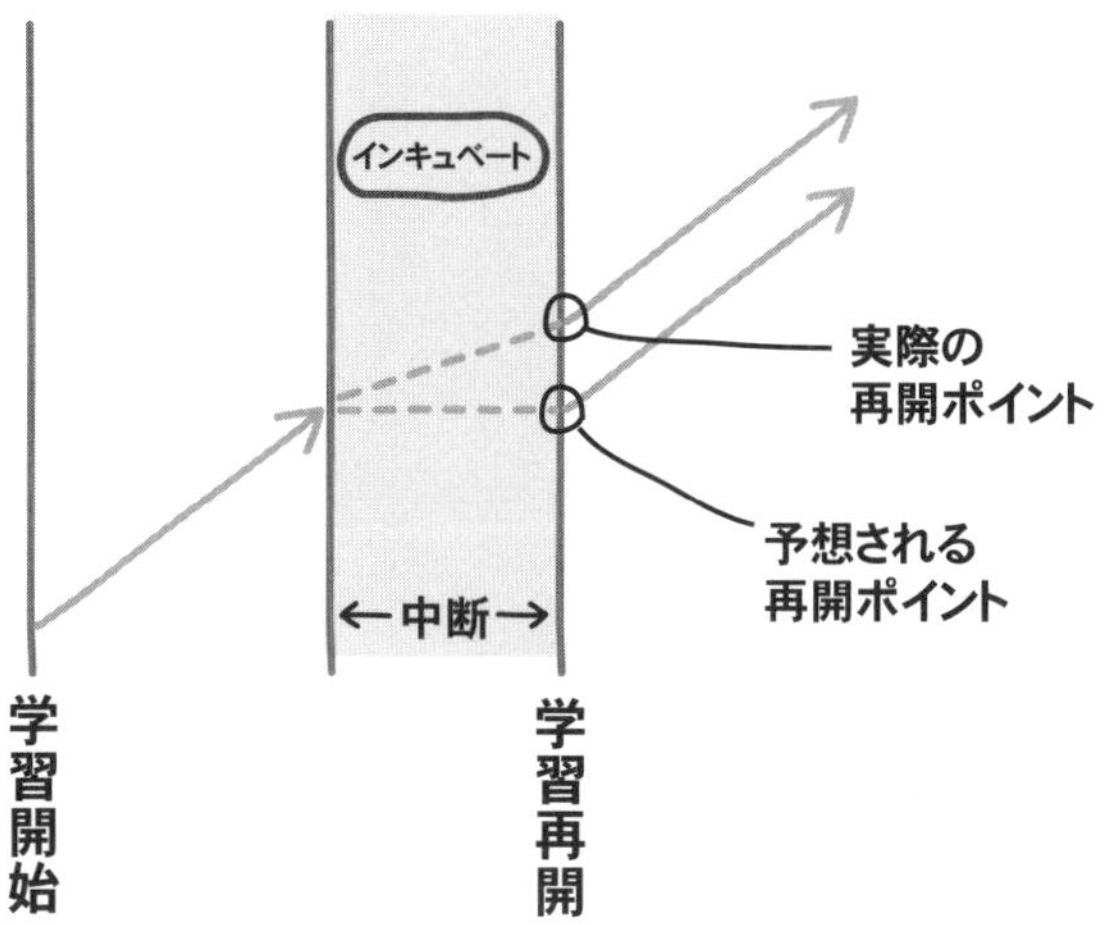

ニュートンの万有引力の発見は、じつは、頭の中には小さい頃からずっと問題意識があり、途中でその問題の立て方を変えたことで公式が導き出されたのである。

　アインシュタインの相対性理論は、発表されたのは彼が四〇歳を過ぎてからだが、実際に彼が原理を発見したのは一九歳のときだったという証拠が残っている。

　休んでいるうちに、かえって知識が孵《ふ》化《か》（インキュベート）するわけだ。このメカニズムについてはまだわかっていないことも多いが、こういう現象は確かにある。

勉強も同じで、一生懸命やった後で休むのは悪いことではない。それによって壁を越えられることが人間にはある。

飛躍をめざすならば、無理して一気にやってしまおうとするよりも、休みを取りながら継続していくことをおすすめしたい。

体が疲れていて「かったるいなあ」と思うようなときは、無理に勉強を頑張らないほうがいい。

そういうときに、モチベーションも能率も上がらないのは当たり前である。眠いときは昼寝してしまうといい。人間の脳は酸素の消費量が多く、一日ノンストップではもたないのだ。しかし、ちょっと休ませてやればまた元気が出てくる。

でも、あまり長時間の昼寝はいけない。うたた寝（マイクロスリープ）にとどめよう。ちょっとしたうたた寝の時間は、二〇分が一番効果的とされている。私も夕方に、二〇分から三〇分ほど眠ることがある。

アリゾナ大のレベッカ・ゴメス博士のこんな実験がある。

生後一歳三カ月の赤ちゃんを対象に、ある子には言葉を教えてから昼寝をさせ、別の子には昼寝をさせなかった。

すると、昼寝をさせた赤ちゃんほど、たくさんの言葉を覚えられたという。

発明王エジソンは長時間仕事に没頭していたようだが、昼寝も多かったらしい。どこでも眠れるタチで、眠くなった瞬間に床でもどこでも寝ていたようである。

集中力と休憩の関係も見逃せない。人間の集中力は四五分ぐらいで切れてしまうので、チョコチョコ休みをはさむことが大切なのだ。

休憩中にアイデアが生まれることもある

35

「成長したい！」

友達の選び方

勉強していくなかで、「自分はこれだけ成長した」という実感をもつことはとても大切だ。その実感が、また新しい目標に向かっていく力になるからだ。

そうした環境を整えるのに、なにも難しいことを考える必要はない。いたって単純な手段がある。

それは、すでに**頑張っている人たちとつきあう**ことだ。

友達を選ぶなんて、ちょっと不遜なことに思えるかもしれないが、これは大事なことだ。

誰だって、朱に交われば赤くなるのだから。

「頑張っている人」「努力している人」「成長盛りの人」

こうした人たちと、なるべく多くの時間を一緒に過ごすだけで、こちらまで影響されて、彼らのように向上することができるのだ。

実際、不安な人といると自分まで不安になってしまうという「心的感染」があることが確かめられているが、それと同様に、**前向きな人といると自分も前向きになれる**のだ。

勉強や仕事をしっかりやって能力を高めている人のそばにいるだけで、こちらも手を抜けなくなる。そして、その人がモデルになって、自然に能力が底上げされる。

よくあることだが、勉強があまりできない子どもを進学校に入れると、急に力が伸びたりする。その集団の中では下のほうでも、平均からすればずっと上になれる。それは一緒にいる生徒たちに影響を受けるからだ。

それと同じように、社会人になっても、知的な会合や勉強会などに参加していると、それだけで思考習慣や意欲までが影響を受ける。

逆に、全員がネガティブ思考で暗い気分の職場だったりすると、自分一人だけでも頑張るぞ！　などとは思えないものだ。ずるずると引きずられて、こちらまで腐ってしまうだろう。

そうした場合は、意欲の高い人たちのいる会社に転職したほうがいい。

「どうせ頑張ったってムダだよ」などと、ネガティブな口ぐせのある友人のそばにいて迎合していたら、人はなかなか伸びていけない。

成長したいと思ったら、一緒に過ごす相手を意識的に選ぶようにしよう。

周囲の環境が成長を促進させる

36

「時間の使い方がヘタ！」

タイムマネジメント上達法

時間はどんな人にも平等に与えられている。しかし、それを有意義に活用しているかどうかは、人によって大きな差がある。

能力の差がないと仮定して、時間の使い方がうまい人とヘタな人が同じ土俵で（たとえば入試や難関の資格試験で）勝負したら、前者が圧倒的に有利だろう。

では、どうすれば時間をうまく使えるようになるのか。

一つの方法は、その日の目標をレジュメのように紙に書いてそばに置き、そのつどやるべきことを確認する方法である。

実際に、これをやっている人は時間の使い方がうまいという調査データがある。

つまり、**時間の使い方がうまい人は、絶えず目標を意識しながら行動している**ということだ。

帰宅後の時間を使って勉強しているなら、「これから何をやろうかな」と考えてから取りかかるのではなく、前の晩に翌日やる分を机の上に置いて寝て、会社から帰ってきたらすぐに始められるようにすればいい。

私の場合、「今日は、何をしようかな」と悩むことはない。そういう時間がもったいないということもあって、明日何をするか、今週は何を片づけるか、今月中にどこまで終わらせるか、というある程度の見込みを前もって立てている。これがタイムマネジメントである。

勉強をスムーズに進めるには、こういう細かいことが重要なのだ。

また、時間の使い方のヘタな人は、身の回りに時計をいくつも置いておくのも、いいアイデアだ。なぜなら、時計を見れば、絶えず時間を意識せざるをえなくなるため、有効に時間が使えるようになるからである。

ちなみに、ヴァージニア州にあるクリストファー・ニューポート大学の心理学者リー・ドリス博士が、腕時計をしている人としていない人を比べたところ、人生に対する前向きな気持ちが、前者のほうが高かったそうである。時間に敏感であることが人生の意義を高めるということだ。

蛇足ながら、文字盤が見やすく、秒針までしっかりついている時計をしている人は、おそらく時間の使い方がうまいはずだ。

腕時計をするのが嫌いでも、タイムマネジメントが苦手な人は、まず時計を身近に置くことから始めるといいだろう。

できたらアナログの腕時計を身につける

37

「文章把握が苦手！」

読解力を高める方法

本を読んでも、なかなか頭に入らない。要点がつかめない。

その原因は自分がアホだからだ、などと決めつけてはいけない。

読解力が足りないと感じるのは、単に、本を読むコツが身についていないせいであることも多い。

小学生を調べた調査で、「音読が上手な子ほど読解力が高い」というデータがある。同じく、読解力が高いと音読もうまいという調査結果も出ている。

つまり、声に出して読むことと、文章のリズムや要点を把握することには、明らかに相関関係があるのだ。

だから、難しい文章は音読してみるといい。内容が感覚的に理解できるからだ。反対に、読んでいるときに文節などの区切り方を間違えたとしたら、それは理解の仕方も間違えているということだ。

昔の日本では小さい子どもに、意味がわからなくても『論語』を読ませたが、これは音読することによって理解を高めるという狙いがあったのだ。

もう一つ、大人の読書術としては、最初の一〇ページをしっかり読むと効率的な読書ができるということも覚えておこう。

最初の一〇ページに、その作家の言いたいことがだいたい書いてあるからだ。

そこでつまらなかったり、「さっぱりわからん」と思ったのなら、その本は、あなたに必要な本ではない。それ以上、読むのはやめておこう。人生の貴重な時間を失うことになる。

音読することで理解力を高めることができる

あとがき

「万人に当てはまる勉強法」などというものはない。

効率が悪いとか、まわりくどいといわれる勉強法でも、慣れてくればそんなに時間のかかるものではない。がむしゃらに勉強し、自分なりに「これだ！」という方法を見つけ、結果として、要領のいい勉強の仕方がなんとなくわかってくる、というのが本当のところである。

本書では、「こうしたほうがいいんじゃない？」という私なりのアドバイスをしてきたが、読者のみなさんが自分なりのやり方で勉強しようとなさるのなら、それはそれでいいだろう。

自分なりの勉強法を磨きあげることが大切なのであって、そのためのヒントとして本書を利用していただければ幸いである。

私は、大人になっても勉強の努力を続ける必要があると思っている。どんな職業でも、大成する人は勉強家だ。

本書では、「たっぷり遊びなさい」ともアドバイスしているが、大成する人は、きちんと遊ぶ一方で、死ぬほどの努力をしていることも最後に付け加えておきたいと思う。

週休二日をきちんととって、彼女とたっぷり遊んで、趣味のスノボだゴルフだと遊びまくっているくせに、それで「俺もいつかビッグになってやる！」と考えているのだとしたら、虫がよすぎないだろうか。言っていることと、やっていることが全然違うではないか。

私は、自分がおバカさんであるという自覚があるので、それこそ人の二倍も三倍も努力してきた。高校時代には、男友達が、「女、女…」と騒いでいるとき、黙々と英単語を頭に詰め込んだのを覚えている。

大学に入学してからも、本だけは毎日欠かさずに読んだ。まわりの友人は、蝶よ花よと遊びまわっていたが、私は朝から図書館で論文と格闘していた。

結局のところ、私が「勉強する」というプロセスにおいて養ったのは、知識でも教養でもなく、気力と根性だと思っている。それが最高の宝物だとさえ思っている。

「心理学なんて勉強したって、将来、食っていけないぞ」

大学時代の友人からは、よくそう言われた。

たしかに、心理学の用語をたっぷり覚えたからといって、それがそのままお金になるわけではない。しかし、夜を徹して、ひたすら心理学の用語を頭に叩き込むことによって、私は根性が養われた。眠い目をこすりながら、辞書を何度も引いて心理学の原書を読んでいたのが、なつかしい思い出だ。

一流のスポーツ選手は、「ジョギングすることに何か意味があるんですか?」などと考えずに、黙々と走り続ける。それによって、誰にも負けない気力と根性が手に入ることを知っているからだ。

どんなことでもいい。読者のみなさんも、「これ」というものを決めて、今からでも遅くないから、がむしゃらに勉強してほしい。

勉強するのはたしかに辛い。だが、その辛さを経なければ、「自分は頑張ったんだ」という満足感が得られないことも覚えておいてほしい。
最後までおつきあいくださいまして、ありがとうございました。

内藤誼人

参考文献

Barling., J., Kelloway, E. K., & Cheung, D. 1996 Time management and achievement striving interact to predict can sales performance. *Journal of Applied Psychology*, 81, 821-826.

Crum, A. J., Langer, E. J. 2007 Mind-set matters: Exercise and the placebo effect. *Association for Psychological Science*, 18, 165-171.

Farwell., L., & Wohlwend-Lloyd, R. 1998 Narcissistic processes: Optimistic expectations, favorable self-evaluations, and self-enhancing attributions. *Journal of Personality*, 66, 65-83.

Felson., R.B. 1984 The effect of self appraisals of ability on academic performance. *Journal of Personality and Social Psychology*, 47, 944-952.

Hancock., D.R. 2000 Impact of verbal praise on college students' time spent on homework. *Journal of Educational Research*, 93, 384-389.

Moreland., J. L., Dansereau, D. F., & Chmielewski, T. L. 1997 Recall of descriptive information: The role of presentation format, annotation strategy, and individual differences. *Contemporary Educational Psychology*, 22, 521-533.

Prescott, J., & Wilkie, J. 2007 Pain tolerance selectively increased by a sweet-smelling odor. *Association for Psychological Science*, 18, 308-311.

Pronin, E., & Wegner, D. M. 2006 Maniac thinking: Independent effects of thought speed and thought content on mood. *Association for Psychological Science*, 17, 807-813.

Taylor., S.E., & Brown, J. D. 1988 Illusion and well-being: A social psychological perspective on mental health. *Psychological Bulletin*, 103, 193-210.

Ziv., A. 1976 Facilitating effects of humor on creativity. *Journal of Educational Psychology*, 68, 318-322.

【著者略歴】内藤誼人（ないとう・よしひと）

心理学者。有限会社アンギルド代表。慶應義塾大学社会学研究科博士課程修了。ビジネス心理学の第一人者として活躍中。その実践力のあるアドバイスには定評がある。

著書に、『図解・なぜ人は詐欺師にダマされるのか』『図解・一瞬で心をつかむ心理会話』『図解・人の心を手玉に取れる心理操作』『空気のよみかた』『「もう一度来たい」と思わせる心理術』（以上、小社刊）、『人の心は9割読める』（あさ出版）、『グリーン心理術』（プレジデント社）など。

心理学者《しんりがくしゃ》が教《おし》える「超《ちょう》」勉強術《べんきょうじゅつ》

2009年2月28日　初版第1刷発行

著　者――内藤誼人
発行者――栗原幹夫
発行所――KKベストセラーズ
〒170-8457　東京都豊島区南大塚2-29-7
電話（03）5976-9121（代表）　振替00180-6-103083
http://www.kk-bestsellers.com/
印刷所――近代美術
製本所――積信堂

ISBN978-4-584-13130-5　C0030　Printed in Japan